영업의 고수는
어떻게
탄생되는가

세일즈 전문가 45인이 털어놓는 최강 영업력의 비밀

영업의 고수는 어떻게 탄생되는가

마이클 달튼 존슨 엮음 | 이상원 옮김

(4부) 설득 & 협상

: 얼마만큼 깎아주느냐 vs 어떻게 깎아주느냐

⑤부 완벽 세일즈 기법
: 세일즈는 과학이다

영업력이 기업의 운명을 바꾼다

우리는 모두 무언가를 팔면서 먹고 산다.
- 로버트 루이스 스티븐슨, 《보물섬》을 쓴 스코틀랜드 작가

오늘 아침 사무실에 출근하는 길에 나는 근처 커피숍에 들렀다. 커피를 주문했더니 직원이 웃으면서 "양귀비 씨앗 머핀은 안 하시겠어요? 방금 구워 따뜻한데요"라고 말했다. 마침 아침을 거르고 나온 참이었다. "같이 주세요." 나는 지체 없이 대답했다.

판매 성공! 하지만 대부분의 세일즈는 이보다 훨씬 복잡하고 시간도 오래 걸리기 마련이다. 경쟁이 거세지고 인터넷까지 끼어들면서 세일즈는 한층 더 힘들어졌다. 최고의 판매왕이라 해도 끊임없이 배우며 능력을 갈고 닦지 않는다면 최고의 자리를 지키기 어려운 상황이다.

———

세일즈 교육 전문 웹사이트인 '세일즈 독SalesDog.com'을 설립한 후 지난 6년 동안 나는 미국 최고의 세일즈 전문가들과 만나고 함께 일하는 행운을 누렸다. 그리고 나는 더 나은 성과를 얻기 위한 그들의 열정

에, 자신의 지식과 아이디어를 아낌없이 나누고자 하는 사려 깊은 마음가짐에 감탄하지 않을 수 없었다.

이 책에 등장하는 최고의 세일즈 전문가 45인은 수만 명의 세일즈맨들을 교육시키며 무수히 많은 기업의 운명을 바꿔놓았다. 이들은 세일즈가 예술이자 과학이고, 전문 직종이라 믿는다. 이들은 또한 세일즈에서 승리하려면 판매의 역동성을 파악하고, 그에 필요한 기술을 완벽하게 통달해야 한다고 강조한다.

이 책을 엮으면서 수많은 친구, 동료, 그리고 세계적으로 유명세를 떨치고 있는 세일즈 전문가들의 도움을 받았다. 그들의 조언, 격려, 열정이 없었다면 작업은 불가능했을 것이다. 세일즈 전문가들은 '최고 중에서도 최고'인 세일즈 기법을 기꺼이 소개해주었다.

지금부터 이 책은 반드시 성공하는 세일즈의 비밀을 펼쳐 보일 것이다. 끊임없이 변화하는 오늘날의 세일즈 환경에서 성공하기 위한 지식, 기법, 확신이 필요한가? 그렇다면 어서 다음 페이지를 펼쳐라.

마이클 달튼 존슨

1부

차별화

: 세일즈 **기본** 원칙이
더 이상 통하지 않는 이유

"

잠재 고객에게 신뢰를 얻기 위해 당신은 무엇을 하고 있는가? 그것은 경쟁자와 차별화된 방법인가? 최고의 제품을 제공한다는 대답? 그것으로는 부족하다. 모두가 최고의 제품이라는 장점을 내세우기 때문이다.

호기심 자극은 세일즈에 불을 붙이는 새로운 패러다임이다. 잠재 고객이 호기심을 느끼지 못한다면 자기 시간이나 관심을 나눠주는 일은 벌어지지 않을 것이다. 이에 비해 호기심을 느낀 잠재 고객은 적극적으로 대화에 참여하며 그 호기심을 충족시키려 할 것이다. 호기심을 자극하기 위해 당신은 무엇을 어떻게 할 것인가?

"

누구나 다 아는 전략으로
승부하려 드는가

세일즈의 기본 원칙이 더 이상 통하지 않는다니 참으로 역설적이다. 지난 15년 동안 세일즈 환경은 급격히 변화했다. 하지만 세일즈 전략 교육은 예전 그대로이다. 온 국민이 중국어를 사용하기 시작했는데 여전히 영어만 가르치는 꼴이다. 결과적으로 세일즈맨들은 신규 고객 확보가 더 어려워졌고, 잠재 고객들은 세일즈맨을 점점 더 피하게 되었다.

그렇다고 잠재 고객들을 비난할 수는 없다. 세계 경제 전반에 불어 닥친 위기로 구조 조정이나 인수합병 과정을 거치면서 각 기업의 의사 결정 담당자들은 더더욱 책임감이 무거워졌으니 말이다. 경쟁이 점점 치열해지고 업무량도 늘어나면서 그들에게 밀어닥치는 세일즈맨들을 상대해줄 시간은 좀처럼 나지 않는 상황이다.

이렇게 되자 고객을 만나는 과정 자체도 어려워졌다. 예전에는 세일즈맨들이 기업의 출입구 경비원들과 친밀한 관계를 형성할 수 있었다. 경비원을 통해 그 기업의 누구를 만나야 할지에 관한 알짜 정보도 얻을 수 있었다.

하지만 오늘날에는 전자 기기가 경비원을 대신하고 있다. 자동 음성 안내 시스템과 친밀한 관계를 맺을 수는 없는 노릇이 아닌가. 게다가 이메일, 휴대전화, 인터넷 등의 기술 혁신으로 많은 직장인들이 자리를 지키지 않고도 업무를 처리할 수 있게 되었다. 잠재 고객이 회사 전화를 받아줄 가능성도 역시 줄어든 것이다.

자리에 있는 잠재 고객? 그들 역시도 수화기 들기를 꺼린다. 과거 어느 때보다 많은 세일즈맨들이 수많은 제품/서비스를 권유하는 상황이기 때문이다. 동일한 제품을 판매하는 세일즈맨들이 경쟁적으로 달려드는 통에 의사결정을 하는 사람은 업무 시간조차 확보하기 어렵다.

이런 때일수록 더욱 공격적인 자세가 필요하다고 세일즈맨을 부추기는 기업들도 있다. "상황이 어려울수록 한층 강하게 나가야 한다"는 주장이다. 하지만 압박감을 좋아하는 사람은 없다. 저녁 먹을 시간에 휴대전화를 걸어대 공격적인 판촉을 한다면 어떻게 될까? 십중팔구 역효과가 나기 십상이다.

영업 환경이 변화했기 때문에 고전적인 세일즈 기법은 더 이상 쓸모가 없어졌다. 더욱이 그런 기법은 잠재 고객들도 훤히 간파하고 있다. 누구나 다 아는 세일즈 전략으로 승부하려 든다면 경쟁에서 열등한 위치로 뒤처질 뿐이다. 차별화되지 않은 세일즈맨에게서 차별화되지 않은 제품을 구입하고 싶은 잠재 고객이 있겠는가?

다만 세일즈 기본 원칙 중 다음 세 가지는 환경이 변화했음에도 여전히 유효하다.

- 세일즈맨은 해결책을 제시하기 전에 고객의 요구나 필요를 알아 내야 한다.
- 제품/서비스는 가격에 상응하는 가치를 지녀야 한다.
- 좋은 관계를 맺을 줄 아는 세일즈맨이 결국 승리한다. 거래는 사람과 사람 사이의 일이기 때문이다.

고객의 호기심을 자극하라

그럼에도 구체적인 전략으로 들어가면 패러다임을 바꿔야 한다. 오늘날의 핵심어는 말할 것도 없이 '차별화'다.

가능성 높은 잠재 고객과는 누구나 좋은 관계를 맺고 싶어 한다. 그래야 고객의 요구 사항을 정확히 파악하고 해결책을 제안하며, 신뢰를 얻을 수 있기 때문이다. 그러나 신규 잠재 고객과 호혜적인 관계를 형성하기란 점점 어려운 일이 되고 있다. 세일즈맨이 질문을 던진다고 해서 잠재 고객이 늘 친절하게 대답을 해주는 것도 아니다.

자, 어떻게 잠재 고객으로 하여금 대답하고 싶은 마음이 들게 만들수 있을까? 가장 먼저 관심과 신뢰를 얻어야 한다. 여기서 질문 하나! "잠재 고객에게 신뢰를 얻기 위해 당신은 무엇을 하고 있는가? 그것은 경쟁자와 차별화된 방법인가?" 당신은 무엇이라 대답하겠는가. 최고의 제품을 제공한다는 대답? 그것으로는 부족하다. 모두가 최고의 제품을 내세우기 때문이다.

호기심 자극은 세일즈에 불을 붙이는 새로운 패러다임이다. 잠재 고객이 호기심을 느끼지 못한다면 자기 시간이나 관심을 나눠주는 일은 결코 벌어지지 않을 것이다. 이에 비해 호기심을 느낀 잠재 고객은 적극적으로 대화에 참여하며, 그 호기심을 충족시키려 할 것이다. 그렇다면 호기심을 자극하기 위해 당신은 무엇을 어떻게 할 것인가?

　아직도 전통적인 세일즈 기본 원칙에만 매달려 있다면 실적이 저조한 것도 당연하다. 경쟁에서 자신을 차별화시킬 수 있는 방법에 초점을 맞춰라. 고객의 호기심을 자극하라. 그것이 비결이다.

Note

톰 프리즈Freese, QBS 리서치 설립자 겸 대표
이 글을 쓴 톰 프리즈가 세일즈 영업 목표치를 200% 달성했을 때 경영진은 우연이라 생각했다. 하지만 프리즈는 이후 7년 연속 영업 실적을 두 배씩 늘려나갔다. 17년 동안 세일즈 분야에서 일한 후 그는 '질문 기반 판매Question Based Selling'라는 자기만의 방법론을 정리해 세일즈맨들을 교육하고 있다.

⓪② 가치는 고객이 결정한다

세일즈맨들은 스스로 정립한 가치 개념을 끊임없이 전달하려 드는 경우가 많다. 그러나 실상 제품/서비스가 가치를 지니는지 결정하는 것은 고객 자신이다.

가치 인식을 기준으로 할 때 고객은 크게 세 부류로 나눌 수 있다. 첫 번째 부류에게 가치는 제품/서비스에 내재되어 있다. 두 번째 부류에게 가치는 사용에 달려 있다. 세 번째 부류는 두 업체(판매업체와 구매업체)의 전략적 관계에서 가치를 파악한다. 이들 세 부류의 속성에 대해 좀더 상세히 살펴보자.

세 가지 유형

소비재 구매자

소비재 구매자들은 자기가 무엇을 원하는지, 어떻게 사용하는지 정확히 알고 있다. 세일즈맨의 상세 설명은 애초부터 필요 없다. 저렴한 가격, 편리한 사용법이 가장 중요하다. 필요 이상의 값을 지불하지 않으며, 빠르고 쉬운 구매 방법을 선호한다. 이런 고객을 위해서는 가능한 한 최대의 할인 혜택을 제공하고, 구매 절차를 간단하게 만들어주어야 한다. 직통 주문 전화나 온라인 주문 결제도 좋다.

콘택트렌즈나 사무용품을 구입할 때 대부분의 사람들은 소비재 구매자 유형이 된다. 세일즈맨 입장에서는 가격 할인이나 간편한 주문배송 외에는 할 수 있는 일이 거의 없다.

전략 파트너

이 유형의 고객들은 제품/서비스의 범위를 넘어서 업체 간의 전략적 제휴를 중시한다. 협력을 통해 자기 조직의 핵심 역량을 어떻게 높일 것인가가 주요 관심 대상이다. 시스템과 프로세스를 병합함으로써 단독으로 이룰 수 있는 것보다 더 많은 성과를 올리고자 하는 것이다.

앞서 언급한 소비자 구매자도 그렇지만, 전략 파트너 고객을 상대로 세일즈하려면 회사 차원의 지원이 필요하다. 회사가 구매 과정을 단순화하거나 할인을 해주지 못할 상황이라면 소비재 구매자들을 상대하며 시간을 낭비할 필요는 없다.

마찬가지로 당신이 소속된 회사가 스스로 전략 파트너가 될 생각이 없다면 전략 파트너를 찾는 고객과 거래를 맺게 될 가능성도 극히 희박하다. 세일즈맨 개인 차원으로는 이들 고객이 원하는 가치를 창출하지 못하는 것이다. 다행히 대부분의 고객은 다음에 언급하는 마지막 유형에 속해 있다.

합리적인 판단을 원하는 구매자

이 유형의 고객은 의사결정에 따라 많은 액수를 지출하게 되는 상황이거나, 구매 대상에 대해 훤히 알지 못하는 경우가 많다. 의사결정 과정이 복잡하고 시간도 오래 걸린다. 이런 고객에게 세일즈맨은 아주 중요한 존재가 될 수 있다. 세일즈맨은 문제를 심층적으로 이해하고, 당면한 도전을 파악할 수 있도록 도와주는 존재이기 때문이다.

따라서 고객은 경험을 바탕으로 관련 정보를 충분히 제공하는 세일즈맨, 업계의 최근 동향에 훤한 세일즈맨을 선호한다. 그들은 난관을 극복하는 방법, 혁신적인 접근 방식의 개발로 최대의 효과를 얻는 방법 등에 대해서도 조언을 구한다.

가령 당신의 회사가 홍보 메일을 대량으로 발송하는 서비스를 제공한다고 하자. 이 서비스를 세일즈하는 당신은 어떻게 고객을 위해 가치를 창조할 것인가?

- 다른 업체의 메일 대량 발송 서비스가 가진 장단점 분석
- 고객의 기존 발송 서비스에서 효율을 높이는 방법 모색
- 효과는 유지하면서 전체 비용을 낮추는 방법 고안
- 고객과 경쟁하는 업체들의 메일 대량 발송 현황 파악

- 데이터베이스 품질 향상 방안 개발
- 텔레마케팅 등 관련 서비스 제공 업체와의 협력
- 서비스 선택 과정에서 고려해야 할 점 제시
- 목표로 하는 시장 점유율을 달성하기 위한 새로운 프로그램 제안
- 고객에게 깊은 인상을 남기기 위한 방법 논의
- 프로젝트에 관여하는 내부 부서들의 업무 진행 과정 개선

합리적인 판단을 원하는 구매자를 상대하려면 고객 관계에 좀더 많은 투자를 해야 한다. 매번의 상호작용에서 가치를 창출하도록 하라. 그러면 한두 번의 구매는 가격이 더 저렴한 다른 곳에서 한다 해도 당신의 아이디어와 통찰력, 지식을 존중해 계속 관계를 유지하게 될 것이고, 궁극적으로는 거래가 이루어지게 된다. 이것이 바로 가치 창조 세일즈이다.

Note

질 콘라스 Konrath, **대기업 상대 세일즈 전문가**
질 콘라스는 제록스 사의 최고 세일즈맨으로 근무하면서 동료들의 세일즈 활동에 대해 조언을 해주다가 컨설팅 회사를 창업했다. 베스트셀러 작가이자 강연자, 세일즈 교육 전문가이기도 하다.

03 인터넷 불길에 타버리지 않으려면

세일즈맨에게 있어 인터넷은 불길과도 같다. 인터넷은 다양한 기회를 제공한다. 특히 각종 조사에 유용하다. 마우스를 몇 번만 클릭하면 곧 해당 기업의 담당자 연락처, 기업 동정, 연례 보고서, 업계 동향이 훤히 나온다. 모두에게 다 공개된 내용이다.

몇 년 전까지만 해도 제품 특징과 장점, 업체 동향과 경쟁 상황을 상세히 알고 싶은 구매 담당자는 세일즈맨에게 전화를 걸었다. 하지만 이런 일은 이제 인터넷 검색으로 다 해결된다. 구매 담당자들은 이 정도에서 그치지 않고 온라인 경매를 조직하기도 한다. 제안서를 받고 그중 최저가를 써낸 세일즈맨이 낙찰을 받게 한다. 최종 구매자가 누구인지 알 수 없는 형태의 온라인 경매까지 있다.

바야흐로 인터넷 때문에 세일즈맨은 방문 판매인으로 전락하고 말았다. 판매 제품이 볼펜이든 컴퓨터든 컨설팅이든 상관없다. 더 큰 문제는 불확실한 대상으로부터의 인터넷 입찰 제안에 일일이 답하고 경매에 참여하느라 가장 귀중한 자원인 시간이 허망하게 날아간다는 것이다. 때문에 인터넷 거래는 선택적으로 접근할 필요가 있다.

어떤 기회를 선택할 것인가

어떤 거래에 시간을 투자할 것인가. 다음 기준을 참조하라.

- 단골 고객으로서의 특성 : 인터넷상의 잠재 고객의 모습은 충성도 높은 기존 단골 고객의 모습과 부합하는가?
- 관계의 비중 : 신규 잠재 고객과 인터넷을 넘어서 현실에서도 관계를 맺고 있는가? 아니면 전적으로 익명인 관계인가?
- 기존 거래 기록의 점검 : 승률이 높은 거래는 무엇이고, 낮은 거래는 무엇인가? 온라인 경매는 어떤 쪽에 가까운가?
- 잠재적인 장단기 이윤 : 첫 거래 이후 관계가 지속될 가능성
- 거래의 실행 계획, 긴급성, 예산
- 조직의 평판 : 잔돈푼에 떨지만 큰 예산에 헤픈 기업인가? 장기적으로 손해임을 알면서도 싼 것만 찾는가? 그렇다면 거래의 대가는?

이상의 정보를 바탕으로 인터넷을 통해 들어온 기회들 중 어떤 것이 정말로 에너지를 투자할 만한 대상인지 판단할 수 있다. 기회를 하나라도 놓치지 않기 위해 허둥지둥 시간과 사투를 벌이는 세일즈맨은 참으로 많다. 그러나 바쁘다고 곧 생산성이 높은 것은 아니라는 점을

꼭 기억하라. 잠재 고객은 신중히 선택해야 한다.

가상현실에서 현실 세계로 이동하기

진정한 세일즈 관계를 발전시키고 싶다면 가상현실을 넘어서 실제 현실 세계로 이동해야 한다. 그러자면 가격이 아니라 제품/서비스의 특징과 장점을 보고 투자를 결정할 의사결정자와 만나야 한다. 그리고 그 의사결정자에게 어떻게 영향을 행사할지 알아야 한다.

우선 잠재 고객의 비즈니스를 이해하기 위해 정보와 데이터를 수집하는 일에서부터 출발하라. 인터넷이 이상적인 도구일 것이다. 다음은 내부 정보를 알고, 당신에게 기꺼이 그 정보를 제공해줄 사람을 찾아야 한다. 윈-윈 전략을 노리는 회사 내부의 인사라면 가장 좋다.

이로써 인터넷을 포함해 다른 어디에서도 알아낼 수 없는 정보가 수집된다. 어렵게 얻어낸 정보를 활용해 이제 의사결정자를 만날 차례이다. 이제 명석하고 힘 있는 프레젠테이션을 통해 당신과의 비즈니스가 해당 기업의 목표 달성에 얼마나 유리할 것인지 설명하라.

이렇게 현명하게 사용한다면 인터넷은 기회에 불을 붙여주기도 한다. 하지만 무작정 의존하다가는 귀중한 시간과 함께 거래 실적조차도 재로 변해버릴 수 있음을 명심하라.

Note

마크 숀카 Shonka**와 댄 코쉬**Kosch**, 세일즈 교육 및 컨설팅 회사 IMPAX 공동 대표**
IMPAX의 공동 대표. IMPAX는 3M, 뒤퐁, 마이크로소프트 등 쟁쟁한 기업을 고객으로 보유하고 있다.

판매의 ABC 기법을 재고하라

마지막은 항상 판매 성공으로 마무리 지으라는 'ABCAlways be Closing' 기법. 당신에게는 아직도 통하는가? 내게는 벌써 오래 전에 효력을 잃어버린 기법이다. 좋든 싫든 신新경제는 판매 방식의 변화를 요구하고 있다.

오늘날의 구매자들은 아는 것이 많고 고집이 세며, 판매자들의 경쟁을 교묘히 이용하려 한다. 자신들의 의사결정 과정을 노출시키지도 않는다. 특히 기업 경영자들은 강압적 요소가 조금만 드러나도 참지 못하고 방어 장벽을 쳐버리고 만다. 그럼에도 무조건 강하게 밀어붙여 판매 실적을 올릴 작정이라면 아마 오래 살아남기는 힘들 것이다. 이런 상황은 세일즈맨에게 어떤 의미인가? 대답은 쉽지 않다.

사실 성공적인 마무리는 모든 세일즈 과정의 핵심 요소라 할 것이다. 효과적으로 판매를 마무리 짓기 위해서는 필요한 모든 조건들이 갖춰져야 한다. 그러나 기업들은 오직 마지막 거래의 단계에만 신경을 쓰는 경향이 있다. 그리하여 문제의 근원은 결국 상황 판단의 미숙, 혹은 선행 단계의 미비에서 발견되곤 한다.

가능성을 제대로 판단하지 못하는 세일즈맨은 고객을 만나면서부터 승산이 있다고 덜컥 믿어버리곤 한다. 그건 마치 첫 번째 숫자가 맞았다고 로또 당첨을 확신하는 것이나 다름없다. 제품이나 서비스가 잠재 고객의 기대에 맞지 않을 수도 있다. 어쩌면 잠재 고객은 투자할 자금이 없는지도 모른다.

마구잡이로 거래를 성사시키려 한다면 시간 낭비를 넘어서 세일즈맨에 대한 인식을 망치고, 기업의 명예에 먹칠을 하게 된다. 가능성이 있다 해도 제대로 된 판매 프로세스가 없다면 실패는 불을 보듯 뻔하다. 핵심적인 판매 요소가 갖춰지지 않은 채 서둘러 마무리된 거래는 대체로 분노와 후회를 낳기 때문이다.

제대로 된 판매 프로세스

필요를 명확히 하라

제일 먼저 잠재 고객이 말하지 않은 중요한 비즈니스 이슈(비용, 문제, 도전 등)를 언급해야 한다. 다시 말해 고객이 "그 말씀이 맞습니다. 새로운 법규의 요구 수준에 미치지 못하는 인력이 많거든요"라는 식으로 맞장구치도록 만들어야 한다. 경쟁자보다 한 발 앞서 이런 고객의 '필요'를 밝혀낼 수 있다면 더욱 좋다.

기대되는 결과를 분명히 하라

당신의 제품이나 서비스에 투자함으로써 어떤 결과를 얻을 수 있는지에 대해 잠재 고객이 동의하도록 해야 한다. 예컨대 "짧지만 분명한 메시지를 만들고 그 메시지를 잘 활용하도록 훈련받고 나면 세일즈 활동이 훨씬 더 효율적이 될 거라고 생각하시죠?"라고 묻는 것이다. 이에 잠재 고객은 "네, 바로 그렇지요"라고 대답할 것이다.

원하는 결과를 얻기 위한 시한을 정하라

잠재 고객이 희망하는 성과를 얻기 위해 언제쯤 의사결정을 하게 될지 합의해두어야 한다. '8월 15일까지는 장비가 다 들어와야 합니다. 아니면 우리 주 거래선이 다른 공급처를 찾을 테니까요'라는 설명을 들었다면 "반드시 기한을 맞춰 드리겠습니다"라고 대답하는 것이다.

유익을 수량화하라

새로운 장비가 얼마만큼의 유익을 가져올지도 합의해두어야 한다. "이 장비는 10~15%의 비용 절감 효과가 있습니다. 그러면 한 해에 3백만 달러의 추가 매출이 생기는 셈이지요."

구매 후의 효과를 분명히 하라

당신의 제품/서비스가 잠재 고객의 비즈니스와 갖는 직접적인 관련성을 인식하게 하라. 잠재 고객이 자기 입으로 "장비와 소프트웨어를 설치하는 데 석 달이 걸리고, 그 다음부터는 월마트의 요구를 다 이행한 상태가 된다는 것이지요"라고 말하게 만드는 것이다.

당신만의 가치를 밝혀라

잠재 고객이 당신과 당신 회사, 당신의 제품이 어떤 경쟁자보다도 낮다는 점을 인식하도록 만들어야 한다. "고객께서 안심하고 투자할 만큼 재무 상황이 탄탄한 회사는 저희뿐입니다."

남아 있는 의혹을 불식시켜라

이쯤 되면 잠재 고객은 제품/서비스에 대해 충분한 정보를 얻은 상태이고, 투자 회수율 계산도 끝냈을 것이다. 그러면 "검토는 이 정도면 충분하다고 생각합니다만 혹시 무언가 미진한 점이 있으십니까?"라는 확인 질문을 던질 필요가 있다.

잠재 고객이 던졌던 모든 질문에 상세한 답변이 이루어진 후, 위험 요소에 대한 불안이 제거된 후, 구체적인 거래 조건이 명시된 후, 드디어 마무리 단계에 돌입할 수 있다. 세일즈 과정의 각 단계에서 설명과 합의가 충분했다면 오히려 고객 쪽에서 판매 종료를 더 고대하고 있을지도 모른다. 판매 과정이 고객의 구매 과정으로 차례차례 연결되었다면 말이다. 잠재 고객이 자연스럽게 확정 고객으로 바뀌는 것이다.

Note

데이비드 스타인 Stein, **세일즈 교육 전문가/ES 리서치**ES Research **그룹 대표**
데이비드 스타인은 프로그래머이자 세일즈맨으로 1996년에 세일즈 컨설팅 회사를 세워 세일즈맨을 교육해왔다. 최근 공동 설립한 ES 리서치는 세일즈 교육 평가 전문 회사이다.

체험을 제공하라 ⑤

제품이나 서비스를 설명하면서 고객들이 직접 참여하도록 하는가, 아니면 세일즈맨이 떠드는 소리만 듣고 고객이 구매 결정을 내릴 때까지 기다리는가?

안타깝게도 듣기 능력이 부족한 세일즈맨이 너무 많다. 귀보다는 입을 주로 사용하는 사람들 말이다. 오로지 '보여주고 말해주는' 방식은 고객이 등을 돌리고 마음의 문을 닫게끔 만든다. 반대로 듣기 능력이 탁월하며, 고객의 적극적인 참여를 이끌어내는 세일즈맨은 판매 성공률을 극적으로 끌어올린다.

판매 과정에서 자주 간과되는 것이 있으니, 바로 '자기 발견'이라는 가치이다. 자고로 세일즈맨이 보여주고 말해준 제품이나 서비스에 대해 고객은 의구심을 품게 되어 있다. 하지만 고객 스스로 특징이나 이점을 발견하도록 하면 그대로 믿게 된다! 자동차 세일즈맨들은 자기 발견과 참여의 이점을 일찌감치 터득했다. 고객의 구매 결정을 이

끄는 것은 화려한 광고 브로슈어가 아니라, 직접 시승해본 경험이라는 것을……

물론 직접 체험을 하는 것이 적합하지 않은 제품이나 서비스도 있다. 하지만 그런 경우라도 고객의 참여를 높이기 위한 방법은 얼마든지 찾을 수 있다. 예컨대 세일즈맨과 잠재 고객 중 한 명이 무언가를 해볼 수 있는 선택 상황이라면 반드시 잠재 고객에게 기회를 주도록 하는 것이다. 계산을 할 때에는 고객에게 계산기를 넘기고 숫자를 누르게 하라. 제품의 장점을 구경시키기보다 고객 스스로 체험해 깨닫도록 하라.

고객의 손에 '망치'를 쥐어주라

몇 년 전 나는 빌 존슨이라는 유리 회사 세일즈맨의 이야기를 들은 적이 있다. 빌은 동료 세일즈맨들에 비해 언제나 탁월한 판매 실적을 올렸다. 4분기 결산 후 사장은 빌에게 축하 전화를 걸어 비결을 물었다고 한다.

빌은 훈련받은 대로 했을 뿐이지만, 작은 변화를 하나 덧붙였다고 대답했다. 강화 유리의 성능을 보이기 위해 망치로 몇 차례 유리를 두들겨 보여준다는 것이었다. 사장은 그 '망치 기법'을 동료들에게 시연해 달라고 부탁했다. 빌은 흔쾌히 수락했고, 그의 시연이 있은 후 전체 세일즈맨들의 실적이 한결 좋아졌다.

이 고무적인 결과에 흡족해하던 사장은 얼마 지나지 않아 빌의 실적이 또다시 다른 사람들에 비해 월등히 높다는 점을 발견했다. 의아해하던 사장은 빌에게 또 다른 기법이 있느냐고 물었다. 빌은 망치 기법에 작은 변화를 하나 더 덧붙였다고 설명했다. "이제는 강화 유리의 강도를 보여줄 때 고객 손에 망치를 쥐어주고 두드려보게 합니다."

그렇다. 고객에게 망치를 건네줌으로써 빌은 성공적인 세일즈에 한 발 더 다가선 셈이다. 고객이 직접 참여해 제품의 가치를 경험하도록 만든 것이다. 이제 당신의 세일즈 방식을 점검해볼 차례다. 당신은 어떻게 고객의 손에 '망치'를 들려줄 방법을 찾을 것인가.

Note

존 보우Boe, 존 보우 인터내셔널 사 사장

군 헬기 조종사 출신인 존 보우는 아무리 내성적인 사람이라도 금방 자기 얘기를 털어놓게 만드는 능력을 지녔다. 현재 그는 변호사, 세일즈맨 등을 대상으로 어떻게 상대를 파악하고 유대관계를 맺을 수 있는지 가르치고 있다.

06 정보 폭탄은 멀리 던져버려라

　미국 대통령이었던 해리 트루먼은 "설득할 수 없다면 혼란스럽게 만들어라"라고 말한 바 있다. 정치판에서는 통하는 철학일지도 모르겠다. 그러나 세일즈에서는 절대 그렇지 않다.

　그럼에도 불구하고 정보 폭탄을 투하하면서 잠재 고객을 혼란스럽게 만들곤 하는 세일즈맨들이 아직도 많다. 그리고 그것을 유용한 판매 전략이라 착각한다. 정보 폭탄이란 구매자의 상황은 고려하지 않고 제품/서비스의 특징을 마구잡이로 늘어놓는 행동이다. 고객이 그 제품/서비스에 관해 어떤 필요와 기대, 수요를 가지는지 규명하기보다 정보만 잔뜩 제공하면서, 이 정도면 구매 결정에 충분하려니 생각하는 것이다.

　잠재 고객이나 구매자 입장에서 이런 식의 정보 폭탄은 전혀 반갑지 않다. 그런데도 여전히 정보 폭탄이 많은 것은 다음과 같은 이유 때문이다.

- 논리적이다 : 순수하게 이성적으로 판단해보면, 잠재 고객이 자기의 현재 상태와 비교 평가하는 데 필요한 정보를 더 많이 제공할수록 구입 가능성은 높아진다.

- 쉽다 : 고객의 필요를 제품 특징과 연결시키는 것보다는 제품 정보를 외워서 짧은 시간 안에 전달하는 것이 훨씬 간단한 일이다.

- 자신감 있어 보인다 : 세일즈맨은 무엇이든 많이 아는 사람처럼 보이고 싶어 한다. 정보 폭탄은 제품 관련 지식을 과시할 수 있는 좋은 기회이다.

고객의 구매 결정을 이끌어내는 법

정보 폭탄은 그리 효율적인 판매 방법이 아니다. 제품/서비스의 어떤 특징과 장점이 잠재 고객에게 필요하고 또 잘 맞는지를 제대로 보여주지 못하기 때문이고, 그 분석을 스스로 해내야 하는 잠재 고객이 실은 그런 일에 능숙하지 않기 때문이다.

이에 비해 세일즈 과정을 좀더 잘 통제하고 거래 성사율도 높여주는 색다른 접근법이 있다. 처음부터 마지막 단계를 염두에 두고 시작하는 것이다. 구매자들이 의사결정을 앞두고 갖는 핵심 질문은 "특별한 점이 무엇이지?"와 "왜 내가 여기에 신경을 써야 하지?"이다.

우리는 세일즈 과정에서 바로 이러한 질문에 유효한 답을 주고 우리의 제품/서비스를 해결책으로 제시해야 한다. 잠재 고객이 구입 결정을 내릴 수밖에 없도록 만드는 제품/서비스의 특별한 점은 무엇인가? 고객은 왜 그런 특징과 장점에 신경을 써야 하는가?

요컨대 각각의 고객이 답을 얻고 싶어 하는 핵심 부분을 정확히 건드리는 것이다. 제품/서비스의 특징과 장점은 긍정적인 구매 결정에 힘을 싣기 위해 제시된다. 이러한 접근법은 잠재 고객의 필요, 요구, 기대에 맞춰서 해당되는 장점을 보여주기 때문에 훨씬 강력한 효과를 발휘한다.

먼저 제대로 된 질문을 던져서 특정 고객이 어떤 특징이나 기능을 찾는 중인지 확인하라. 고객의 답변을 바탕으로 압축적이고 명료한 설명을 구상해 들려주라. 당신은 이 단순한 방법이 얼마나 효과적인지 깨닫고 깜짝 놀라게 될 것이다.

자기 상황에 맞는 핵심적인 장점을 파악한 고객은 편안한 마음으로 제대로 된 의사결정을 할 수 있다. 이렇게 되면 정보 폭탄에만 의존하는 경쟁자들을 멀리 따돌릴 가능성도 크다. 고객의 필요와 제품의 고유 특징을 연결함으로써 월등하게 유리한 위치에 올라선 것이다. 제품의 장점과 기능이 잠재 고객이 겪고 있는 문제를 어떻게 해결해주는지 보여준다면 고객은 곧 놀랍도록 신속하게 구매 결정을 내리리라.

잠재 고객에게 적절한 정보를 제공하기 위한 첫 출발점은 당연히 세일즈맨 자신이 제품을 완벽하게 아는 것이다. 제품 고유의 특징과 중요한 장점이 무엇인지, 왜 그것이 고객에게 필요한지 연구하는 것은 두말 할 필요도 없다.

그 다음으로는 진단 전 처방은 소용없는 법이니 고객의 필요를 알아내는 것이다. 그리고 당신의 제품이 기대에 부응하고, 더 나아가 기대를 넘어서는 해결책이라는 점을 제시하라. 이런 식으로 고객을 혼란시키는 대신 교육시킨다면, 당신 제품이 최고의 선택이라는 명제에 누구나 동의해줄 것이다.

무자료 세일즈의 위력

최근 나는 판매 실적이 탁월한 세일즈맨 두 사람을 만난 적이 있다. 판매 성공률은 계속 최고치를 경신하는 중이었다. 과연 비결이 뭐길래……. 놀랍게도 비결은 아무 자료 없이 고객을 만나는 것이었다.

이들은 그 방법을 '벌거벗은 세일즈'라 불렀다. 사실 그렇게 느낄 만도 했다. 메모지와 펜만 가지고 잠재 고객과 마주앉는 상황에서는 숨을 곳이 하나도 없지 않겠는가. 잠재 고객의 관심을 마케팅 자료에 돌리는 것은 불가능하다. 최신 기술이 구현된 제품의 멋진 외관 사진을 보여줄 수도 없다. 자기 입만 바라보는 잠재 고객 앞에 그야말로 벌거벗고 앉아 있는 셈이다.

자료가 없는 상황에서 세일즈맨은 잠재 고객의 비즈니스에 초점을 맞출 수밖에 없다. 잠재 고객이 어떤 문제를 고민하고 있으며 어떤 상황에 직면했는지 파악하고, 잠재 고객이 가진 목표나 지향점에 대해 토론을 하는 것이다. 아무 자료도 없으므로 대화는 철저히 상대 중심으로 흘러간다.

잠재 고객들은 그런 방식을 좋아한다. 상대의 경청을 통해 자기가 이해받고 존중받는다고 느끼는 것이다. 그러면서 상대의 조언을 구하게 된다. 세일즈맨은 브로슈어를 내밀고 싶은 유혹을 억누르고 다음번 만남을 약속하면 된다. 그리고 이전의 그 어느 때보다도 큰 계약을 따낸다!

마케팅 자료나 샘플에 지나치게 의존하고 있다면 잠시 벗어나 보라. 아무것도 없이 고객과 마주앉아 진솔한 대화를 나누어라. 머지않아 큰 차이를 느끼게 될 것이다.

Note

아니타 시리아니Sirianni, 세일즈 전략가 겸 교육 전문가
아니타 시리아니는 20년 이상 세일즈 전략 수립 업무를 해오면서 맡는 기업마다 매출 순위 상위 5% 안에 들도록 만든 전설적인 인물이다. 최근 10년 동안은 세일즈 기법 교육에 열중하고 있다.

"좀더 얘기해주세요"라는 시험

　새로운 잠재 고객과 관계 맺는 일은 평균대 위를 걷는 것과 비슷하다. 움직임 하나하나가 결과를 만든다. 깔끔하게 한 동작을 해내면 다음 동작을 위한 최적의 상태가 된다. 하지만 조금만 삐끗하면 바로 대처 자세를 취해야 한다. 한 발짝 뒤로 물러나야 하는 일도 생긴다. 그러다가 평균대에서 떨어져 탈락하기도 한다. 무표정한 심판은 계속해서 당신이 동작을 얼마나 정확히 해내는지, 난이도는 얼마나 되는지 가차 없이 평가하고 있다.

　이 얼마나 세일즈와 비슷한가! 세일즈 과정도 한 단계 한 단계가 아슬아슬하다. 잠재 고객은 당신의 단어 하나하나를 평가하며 자기 시간을 더 투자할지 말지 판단한다. 한 발짝만 잘못 디뎌도 전체 세일즈 과정이 추락해버릴 수 있다.

　이 때문에 세일즈맨들은 잠재 고객의 입에서 "좀더 얘기해주세요"라는 말이 나오면 10점 만점을 받았다고 흥분하기 쉽다. 하지만 이는 경쟁에서 승리하기 위해 치러야 하는 일종의 중간 시험일 뿐이다.

고객이 가장 알고 싶은 것은 무엇인가

최근 나는 대형 서비스 회사에서 교육 프로그램을 맡은 적이 있다. 새로운 거래를 따내기 위해 노력을 경주하는 회사였다. 이를 위해 나는 가치 제언을 어떻게 해야 할지, 효과적인 음성 메시지는 어떻게 만들어야 하는지, 고객을 어떻게 이야기에 끌어들이는지 등에 대해 교육을 진행해나갔다. 어느 정도 진행된 후 직원들에게 고객이 "좀더 얘기해주세요"라고 요청했을 때 어떻게 대답하겠느냐는 질문을 던져보았다.

"우리 회사는 1997년에 창립되었습니다. 커뮤니케이션 분야에서 탄탄한 입지를 확보하고 있던 네 개 회사가 합병한 것입니다. 합병을 통해 글로벌 시대의 도전을 이겨내고자 했던 것이죠. 이후 매년 28%의 매출 신장을 기록하며 선두 자리를 지키고 있습니다. 모든 영역에서 충실한 서비스를 제공하며⋯⋯"라는 대답이 이어졌다.

자, 어떤가? 유감스럽게도 시험에 탈락하는 답변이다. 그럴싸하고 멋지긴 해도 좋은 답변은 아니다. 이런 설명은 고객을 극도로 지루하게 만든다. 오로지 자기 얘기뿐이니 말이다. 그렇다! 고객은 당신 회사의 연혁이나 운영 방침에는 아무 관심이 없다.

이쯤 되면 어리둥절할지도 모르겠다. 분명 잠재 고객이 좀더 얘기해달라고 부탁한 것이 아닌가? 그런데 얘기를 하지 말라니?

찬찬히 생각해보자. 잠재 고객과 만난 초기 단계라면 "좀더 얘기해주세요"라는 질문은 회사 정보나 제품 판매 과정을 알고 싶다는 뜻이 아니다. 그 잠재 고객은 부족한 시간과 자원으로 주어진 모든 일을 해내야 하는 불가능한, 그리고 끝없는 과제에 당면해 있다. 바로 거기에 초점을 맞춰야 한다. 즉 당신이 권하는 제품이나 서비스가 고객이 당면해 있는 그 과제와 어떻게 관련되는지 알려주어야 하는 것이다.

"좀더 얘기해주세요"라는 말이 나왔을 때 1차 목표는 잠재 고객의 어려움을 잘 아는 사람으로서 신뢰감을 주고 능력을 보이는 것이다. 낡은 시스템이나 방법으로 목표를 달성하기가 얼마나 어려운지로 이야기를 확대시켜라. 구체적으로 어떤 어려움이 있고, 어떤 병목 현상이 나타나며, 그에 따라 어떤 잡무가 요구되는지 조목조목 짚어내라. 특정 업무의 어려움이 어떻게 다른 부분까지 영향을 미치는지 분석하라.

최근 거래했던 고객의 경우를 예로 들어 그 고객이 본래 어떤 식으로 업무를 처리하고 있었는지, 어떤 문제에 당면해 어떤 영향을 받았는지, 그리고 당신의 서비스를 통해 어떻게 상황이 개선되었는지 이야기하라. 그리고 마지막에는 잠재 고객의 좀더 깊은 내면을 건드려주는 질문을 덧붙여라. 예를 들어 "좀더 얘기해주세요"라는 말에 다음과 같이 대답하면 어떨까?

"오늘날 영업인들이 당면한 가장 큰 문제는 핵심 인물에게 다가가기 어렵다는 것입니다. 의사결정자는 직접 전화를 받지 않습니다. 자동적으로 음성사서함에 연결되고, 응답 전화가 걸려오는 일은 전혀 없지요. 우편물을 보내면 쓰레기통으로 직행하고 전자우편도 스팸 처리

됩니다.

세계 최고의 제품/서비스를 제공한다 해도 고객에게 소개할 수 없다면 아무 소용없지요. 그래서 제가 만나본 영업인들은 몹시 절망하고 있더군요. 가능한 모든 방법을 동원해도 소용이 없었으니까요. 저는 이런 척박한 비즈니스 환경을 슬기롭게 헤쳐나가 성공할 수 있도록 도움을 주었습니다. 고객님의 회사에서 이렇게 시급하게 해결해야 할 문제가 있다면 무엇이 있을까요?"

바로 이런 식의 답변이 필요하다. 하지만 이런 말이 순발력 있게 혀끝에서 즉각적으로 만들어지지는 않는다. 사전에 연습하고 준비해야 한다. 잠재 고객은 "좀더 얘기해주세요"에 대한 당신의 대답을 최종적으로 심판하는 사람이다. 다음 단계로 나아가지 못하고 있다면 상황을 재점검해야 한다. 반면 무사히 다음 단계로 넘어가 다음 약속까지 잡았다면, 당신은 비로소 10점 만점이라 생각해도 좋다.

Note

질 콘라스 Konrath, **대기업 상대 세일즈 전문가**
이 글을 쓴 질 콘라스는 타고난 세일즈 교육 전문가이다. 특정 상황에서 무엇이 효과적인지, 무엇이 소용없는지를 명료하게 보여주기 때문이다.

꼭 사야 하는 것으로 만들어라

경기가 나빠지면 대부분의 기업이 지출을 줄인다. 아예 지출을 일체 중단하는 경우도 나온다. 하지만 그런 상황은 결코 오래 갈 수 없다. 일상적으로 필요한 물품은 구입해야 하기 때문이다.

경기가 나쁘지만 지출을 해야만 할 때 기업은 어떻게 행동할까? 일반적으로 업무에 대한 가치, 그리고 구매자 개인에 대한 가치를 기준으로 우선순위를 정하게 된다. 세일즈맨 입장에서는 잠재 고객이 자기 제품의 가치를 깨닫게 하는 것이 관건이다. 그러면 필수 구매 목록에 들어갈 수 있다.

가치를 판매하려면 고객의 비즈니스 과제를 규명하고, 가장 중요한 과제를 해결하도록 도와야 한다. 이를 위해 다음 네 가지를 연결할 필요가 있다.

● 해결되지 못한 비즈니스 과제

- 비즈니스 과제의 해결을 어렵게 만드는 문제 요소
- 문제를 극복하고 더 나아가 과제를 해결하기 위한 방법
- 비즈니스 과제의 심각성 정도를 수량화해 나타낸 결과

가장 시급하고 중요한 과제는 무엇인가

해결되지 못한 비즈니스 과제가 없는 회사는 없다. 모든 회사가 매출과 수익을 늘리려는 목표를 가지고 있다. 비용 관리, 경쟁에서의 승리, 마케팅과 판매 기간 축소 등도 중대한 과제이다. 그리고 이들 과제에는 판매 과정의 비효율성, 마케팅 기법 부족, 인력 및 자원 관리의 실패와 같은 여러 문제 요소가 뒤따르게 마련이다.

모름지기 고객의 비즈니스 과제가 해결되지 못한다면 그 자체로 비용과 부담이 발생하게 되어 있다. 그러므로 세일즈맨은 고객이 자기 고객의 입장이 되어 가치를 파악하도록 도와야 한다. 고객에게 다음과 같은 질문을 던져보라.

- 판매 과정에 들어가는 에너지가 어느 정도라고 보십니까?
- 재고 상황을 파악하는 데 얼마나 많은 시간이 소요되고 있습니까?
- 그로 인한 업무 지연의 정도는 어떠하며, 이는 어떻게 매출과 관련됩니까?
- 질적인 문제로 들어가 고객의 재구매 비율은 얼마나 됩니까?
- 고객 재구매 비율에 대해 어떻게 평가하십니까?

이와 같이 핵심 비즈니스 과제 및 그 밑에 깔린 문제들이 규명되고 나서야 잠재 고객은 당신이 제안한 해결 방법을 우선순위에 올릴 것이다.

과제와 문제가 파악되지 않은 상태에서 무작정 구매를 권유한다면 그것은 강매에 불과할 뿐이다. 그러면 잠재 고객은 내 이야기를 들어주는 것조차 꺼릴 테고, 결국은 제대로 공략한 다른 세일즈맨의 손을 들어줄 것이다.

Note

줄리 토머스Thomas, 밸류비전 어소시에이트ValueVision Associates 대표
줄리 토머스는 가치 판매 기법을 15년 이상 사용하고 가르친 인물이다. 밸류비전 어소시에이트의 가치 판매 팀에 합류했다가 이후 대표로 승진했다.

09 세일즈는 숫자 게임이 아니다

여러 해 동안 세일즈 교육 현장에서는 숫자가 강조되어 왔다. 35년 전 내게 처음 세일즈 교육을 해준 선배도 그랬다. "많은 사람을 만날수록 세일즈 성공 확률도 높아진다." 그러나 이 말에는 중요한 수식어가 빠져 있다. 이 말은 "가능성이 높은 사람을 많이 만날수록 세일즈 성공 확률도 높아진다"라고 고쳐야 맞다. 그 한마디가 만드는 차이는 참으로 크다.

세일즈는 숫자 게임이 아니다. 고로 철저하게 당신의 제품과 서비스를 필요로 하는, 그리고 가치를 인정하는 잠재 고객에 초점을 맞춰야 한다. 잠재 고객을 조금만 만나라는 얘기가 아니다. 다만 숫자에만 매달리다가는 실패하기 쉽다는 뜻이다.

왜냐고? 더 많은 사람을 만날수록 가능성이 없는 사람의 비율이 높아지고, 그러면 거절당하는 일도 늘어나기 때문이다. 평균적인 세일즈맨이라면 그렇게 자주 거절당하는 상황을 견뎌내기 어렵다. 결국 자신감을 잃거나 아예 전업해버리고 만다.

선택과 집중

생각해보자. 일주일에 잠재 고객 25명에게 전화를 걸거나 만난 결과 5명에 1명 꼴로 거래를 성사시켰다고 하자. 그러면 20명의 잠재 고객을 위해 투자한 시간은 낭비된 셈이다. 가능성 높은 잠재 고객을 위해 쓸 수 있었던 시간이 사라지는 것이다. 가능성 높은 잠재 고객에게 초점을 맞추면 거래 성사율은 30%, 심지어 50%까지 높아진다.

충분한 시간을 투자하지 않으면 잠재 고객의 거래 가능성을 판단할 수 없다고? 나는 그렇게 생각하지 않는다. 유능한 세일즈맨이라면 잠재 고객과 만나는 첫 순간부터 안테나를 세우고 정확한 판단을 해야 한다. 너무 많은 시간과 에너지를 투입하기 전에 선별 작업이 필요한 것이다.

세일즈 업계에서 대대로 전해지는 신화들은 아주 많다. 그러나 대부분은 예나 지금이나 들어맞지 않는 얘기들이다. 몇 가지만 제시하면 다음과 같은 것들이다.

● 신화 : 사람들은 좋아하는 사람에게서 물건을 산다.
→ 진실 : 사람들은 신뢰하는 사람에게서 물건을 산다.
● 신화 : 사람들은 세일즈맨의 열정 때문에 구매를 결정한다.
→ 진실 : 사람들은 자신의 열정 때문에 구매를 결정한다.

● 신화 : 사람들은 자기가 필요로 하는 물건을 산다.

→ 진실 : 사람들은 자기가 원하는 물건을 산다.

세일즈 교육 전문가들이 주문처럼 외우는 이러한 신화는 실제 세일즈 세계에서는 큰 의미가 없다. 그 중에서도 특히 해로운 것이 세일즈를 숫자 게임으로 보는 생각이다. 가능성 있는 잠재 고객에게 시간과 에너지를 집중하라. 그러면 거래 성공률은 저절로 올라갈 것이다.

Note

팀 코너 Connor, **세일즈클럽오브아메리카**SalesClubofAmerica.com **대표**

팀 코너를 만나는 사람은 누구나 그의 열정과 감탄하게 된다. 이 글에서 그는 고객들이 좋아하는 사람이기보다는 신뢰하는 사람이 되라고 강조하고 있다.

불경기에 통하는 특별한 전략 ⑩

경기는 말할 것도 없이 세일즈에 커다란 영향을 미친다. 경기가 좋으면 고객들이 문 앞에 줄을 서서 당신 제품을 사겠다고 아우성친다. 하지만 경기가 나빠지면 신규 고객을 확보하는 것은 하늘의 별따기처럼 어려워진다.

자, 고객이 구매를 꺼리고 거래가 어려워질 때 당신은 무엇을 할 수 있을까? 그런 위기 상황에서 세일즈맨, 자영업자, 컨설턴트, 서비스업자 등이 활용할 수 있는 유용한 방법을 논의해보자.

불경기에 당신이 해야 할 일

기존 고객을 사수하라
경기가 나쁠 때는 기존 고객을 유지하기 위해 무슨 일이든 해야 한다. 기존 고객을 놓치면 사업 근간이 흔들리기 때문이다. 고객을 유지하는 데 최선의 방법은 고객을 기쁘게 하는 것이고, 기쁘게 하는 가장 좋은 방법은 지불한 돈보다 더 많은 대가를 제공하는 것이다. 고객 만족을 넘어 감탄과 감동을 일으켜야 한다. 경기 하락에 방어하는 최고의 무기는 '행복한 고객들'이다.

입찰에서는 합리적인 가격을 제시하라

불경기는 모두에게 힘들다. 가격에 한층 더 민감해진 고객들은 공개 입찰을 통해 가격을 낮추려고 시도하게 된다. 입찰에서는 경쟁력도 중요하지만, 합리성도 고려해야 한다. 최고가를 고집한다면 실패를 미리 각오해야 한다.

불경기에 당신 제품/서비스의 가격은 어느 정도가 적정할까? 바닥까지 무작정 낮췄다가는 다시는 인상하지 못하는 일이 발생한다. 수용 가능한 가격 범위를 정해두고, 그 범위의 중간 이하 가격을 제시하라.

예를 들어 특정 서비스의 가격 범위가 5천~8천만 원이라면, 8천만 원이 아니라 5천 5백 혹은 6천만 원으로 입찰하는 것이다. 호황기에 비해 15~20% 낮은 가격을 제시하면 적절할 것이다. 그 정도면 고객도 원하는 바를 얻고, 당신 입장에서도 크게 손해가 없는 양보를 하게 된다.

이때 고객에게 특별할인 가격이라는 말은 절대 하지 말라. 그저 조용히 입찰하면 충분하다. 고객 확보를 위해 가격을 깎아준다는 인식을 주게 되면 고객은 더 많은 할인을 요구하게 된다.

저렴한 부가 서비스를 제공하라

고객들이 기존 구매에 더해 다른 제품/서비스를 추가로 이용하도록 하여 매출을 늘리는 방법이다. 예컨대 카피라이팅을 요구하는 고객이 신제품 광고를 하고 있다면 언론 홍보자료도 필요할 것이다. 그러면 카피라이팅과 홍보자료 제작을 함께 묶어 할인가를 제시하는 것이다. 홍보자료만 제작하는 가격이 1천 5백만 원이라면 카피라이팅에 더해 발주할 경우 5백만 원만 추가하면 된다고 제안하는 식으로 말이다.

고객은 카피라이팅만 주문해 1천 5백만 원을 부담하는 것보다 두 가지를 함께 해결하면서 2천만 원을 치르는 쪽을 선호할 것이다. 카피라이팅과 홍보자료 제작은 동일한 배경 정보를 요구하는 흡사한 일이므로 이 정도로 할인해도 별 문제가 없다. 이런 식으로 별다른 수고나 노력 없이도 각 거래마다 10~40%를 부가할 수 있다.

빛나는 주인공이 되려 하지 말라

불경기에도 여기저기 불려 다니고 할 일이 잔뜩 쌓인 분주한 생활은 기쁨을 준다. '내가 뭐 이런 일까지 해야 하나'라는 생각은 버려라! 특히 불경기에 그런 생각은 금물이다. 고객에게 유능한 전문가로, 언제든 도와주는 친구로, 믿음직한 조언가 역할을 해야 한다. 그렇게 확보한 단골 고객은 더할 나위 없이 귀한 자원이 된다. 오늘 행동해야 내일의 비즈니스가 가능해진다.

요금 인상은 뒤로 미뤄라

불경기에는 요금 인상을 자제하는 편이 좋다. 오래 전부터 요금 인상을 계획하던 상황이라 해도 그렇다. 그렇다고 고객들에게 그 사실을 요란하게 광고할 필요는 없다. 불경기 때문에 요금을 인상하지 않겠다고 하면 재정적으로 절박한 상황이라는 인상을 주고, 이는 자칫하면 추가 요금 인하 요구로 이어질 수 있기 때문이다.

고객 기준을 낮춰라

어느 정도 수준 이상의 고객과 거래한다는 기준은 누구에게나 있다. 불경기에는 그 기준을 좀더 유연하게 적용할 필요가 있다. 그 전까지는 〈포춘〉이 선정한 500대 기업만 상대했다면, 이제는 신용도만 좋다면 규모가 작은 기업과도 거래한다는 식으로 말이다.

하지만 그렇다고 고객 기준 자체를 던져버리라는 뜻은 아니다. 더 많은 고객 확보를 위해 일시적으로 기준을 조정하는 것뿐이다. 조정의 범위는 상황에 따라 다르다. 1천만 원 이상의 프로젝트만 수주했다면 불경기에는 5백만 원 이상으로 기준을 조정할 수도 있다. 물론 그렇다고 해서 1백만 원짜리를 맡으라는 얘기는 아니다.

공격적인 신규 마케팅 계획을 수립하라

불경기에는 마케팅이나 신규 고객 창출에 쓸 수 있는 시간이 늘어난다. 전에는 마케팅 계획에 전체 업무 시간의 10%를 할애했다면 이제는 25%의 투자가 가능해지는 것이다. 이 기회를 활용해 신규 고객 확보 방안, 거래 성사율 제고 방안 등을 고민해보라. 마케팅의 지속성을 확보하려면 1년에 걸친 주간 계획을 세우는 것도 좋다. 꾸준히 이어지는 마케팅은 새로운 비즈니스 기회를 창출하는 지름길이기 때문이다. 오늘의 마케팅은 6개월 후 거래로 이어질 것이다.

자본이 넉넉하지 않은 소규모 고객을 위해 서비스를 재편하라

호황기 때에는 두 번 생각할 것도 없이 거절하는 고객이 있을 것이다. 규모가 작고 자금 사정이 좋지 않은 기업이다. 하지만 불경기에는 이런 고객과도 거래할 필요가 생긴다. 그러자면 서비스를 재조정해야 한다. 예를 들어 제조업자나 제품 판매자라면 특별 할인, 대량구매 할인, 기능 단순화 모델, 할부 판매, 주문 최소 단위 조정 같은 새로운 조건을 만들 수 있다.

기존 서비스에 가치를 더하라

불황기의 고객은 그 어느 때보다도 가격에 민감하다. 하지만 이보다 더욱 관심 있는 문제는 자기가 치른 돈이 제값을 하는가이다. 서비스를 통해 고객이 치른 돈에 가치를 더해준다면, 신규 고객 확보나 기존 고객 유지 등 두 마리 토끼를 잡을 수 있다. 예를 들어 소모품을 판매하고 있다면 경쟁자보다 더 빨리 배송한다거나, 종류를 다양화하여 선택 범위를 넓힌다거나, 지불 조건을 개선하거나 하는 식의 가치 부가가 가능하다. 엄청나게 많은 서비스를 더하라는 뜻은 아니다. 작은 가치만 덧붙여도 고객은 그것을 크게 인식할 것이다.

미뤄두었던 일을 처리하라

불경기는 서류철 정리, 기존 제품/서비스의 개선 방향 모색, 제안서 서식 수정, 프레젠테이션 슬라이드 수정 등 늘 마음만 먹고 하지 못했던 수많은 일들을 처리할 수 있는 기회이다. 드디어 해치울 시간이 생긴 것이다! 불경기를 한탄하며 시간을 낭비하지 말고 생산적으로 활용하라.

긍정적인 태도를 가져라

불황기에 가장 중요한 일이 낙담하지 않는 것이다. 낙담하거나 좌절하면 잠재 고객이 곧 알아차린다. 이는 결코 거래에 좋은 영향을 미치지 못한다. 누구에게나 나쁜 시기는 찾아온다. 당신은 능력 있는 사람이며, 일시적으로 곤란을 겪을 뿐이다. 곧 사람들이 당신을 다시 찾을 것이다. 너무 일찍 포기해서는 안 된다. 위의 방법들을 잘 활용해 역전을 시도하라.

Note

봅 블라이|Bly, 프리랜서 카피라이터
봅 블라이는 기업 간 하이테크 마케팅에서 25년 이상의 경력을 쌓은 프리랜서 카피라이터 겸 작가이다. 카피라이팅의 고전으로 평가받는 책들을 여러 권 집필했다.

당신의 세일즈가 안 먹히고 있다면 ⑪

열심히 일하는데도 결과가 신통치 않은가? 전문 세일즈맨인데 통 제품이 팔리지 않는다면 다음과 같은 문제가 없는지 점검할 필요가 있다.

사소한 차이가 성패를 좌우한다

상대에게 지루함을 주지 않았는가?

고객이 당신 말을 중간에 끊고 들어오는가? 잠시 숨을 고르는 사이에 고객이 화제를 돌려버리는가? 그렇다면 상대를 지루하게 만들었을 가능성이 크다. 사례를 들거나 흥미로운 요소를 집어넣어 생생한 설명을 시도하라. 시각 자료를 동원하는 것도 좋다.

상대의 지적 능력을 무시하지 않았는가?

"장거리 전화 요금을 절약하고 싶지 않으십니까?"처럼 하나마나한 질문은 모욕감을 느끼게 한다. 열린 질문을 통해 고객의 수요를 파악하라. 고객의 회사, 산업, 상황에 대해 적절한 질문을 던져 관심을 표현하라.

정보 수집이 부족하지는 않았는가?

미리 고객 회사의 홈페이지를 확인하라. 어떤 경쟁 상황에 당면해 있는지, 업계 동향은 어떤지 살펴라. 정보를 더 많이 수집할수록 성공 확률이 더 높아진다는 점을 명심하라. 잠재 고객이 무엇을 하고 어떤 생각을 하는지 모른다면, 당신의 제품/서비스가 어떤 면에서 도움을 줄 수 있을지 판단하기란 불가능하다.

권한 없는 사람을 상대로 세일즈하는 것은 아닌가?

의사결정의 권한이 없는 사람 앞에서 아무리 열심히 떠들어봤자 헛수고다. 누구를 공략 대상으로 잡을 것인지 사전에 면밀히 조사해야 한다.

고객의 말에 귀를 기울이지 않은 것은 아닌가?

고객이 무슨 말을 어떻게 하는지에 집중하라. 비언어적인 의사소통 (몸짓) 도구도 유심히 살펴야 한다. 잘 듣기만 해도 질문을 따로 던질 필요조차 없이 대부분의 핵심 정보를 얻을 수 있다. 듣는 과정을 통해 상대의 요구와 고민은 물론이고, 어떻게 설득하면 좋을지도 배우게 된다.

고객이 말하도록 하면 세일즈는 성공한다. 반대로 세일즈맨이 혼자 떠들게 된다면 십중팔구 그 세일즈는 실패로 돌아간다.

혜택이 아닌 특성에 집중하지는 않았는가?

제품의 사소한 특징과 장점에 매달린 나머지 고객이 제품에서 어떤 혜택을 얻을 수 있을지 전달하지 못한다? 그것은 정말이지 커다란 실수가 아닐 수 없다.

고객의 필요를 이해하지 못한 것은 아닌가?

세상에 만병통치 제품이나 서비스는 드물다. 잠재 고객의 특별한 필요와 관심을 찾아내 당신의 제품/서비스와 연결시켜야 한다. 다시 강조하지만 고객의 말에 귀를 기울여야 이런 점을 잡아낼 수 있다.

고객이 당신을 싫어하지는 않는가?

사람들은 이왕이면 좋아하는 사람에게서 물건을 사기 마련이다. 잠재 고객이 당신에게 호감을 갖고 있지 않다면 당신 제품/서비스에 대해 알아보는 데 시간을 쓰려 들지도 않을 것이다. 고객과의 공감대 형성에 좀더 많은 시간을 투자해보라.

당신이나 당신 회사에 대해 고객이 들어본 적이 있는가?

다른 모든 조건이 동일하다면 잠재 고객이 오래 거래해온 회사에서 물건을 살까, 아니면 당신처럼 낯선 사람을 택할까? 이런 불리한 상황에 처했다면 당신의 단골 고객 명단, 소개장, 신문 기사 등을 보여주면

서 상대의 불안을 잠재워라. 잘 알고 좋아하는 사람의 소개는 곧 잠재
고객의 마음을 열어준다.

고객을 영웅으로 만들었는가?

기업 간 세일즈의 경우라 해도 당신과 거래하는 것이 개인적으로
의미를 가져야 한다. 개인적으로 얻을 것이 무엇인가? 상사에게 점수
를 딸 수 있나? 시간과 노력을 절약할 수 있나? 자기 고객이나 직원을
행복하게 만들 수 있나?

"고객님의 회사는 우리 제품을 통해 연간 5억 이상을 절약하게 됩니
다"와 "고객님은 우리 제품으로 고객님 회사에 연간 5억 이상을 벌어
주게 되는 겁니다" 사이에는 엄청난 차이가 있다. 사람은 모두 영웅이
되고 싶어 하는 법이다. 당신은 그것이 가능해지도록 얼마든지 도울
수 있다.

세일즈에서 결정적인 차이는 작은 부분에서 나타난다. 위의 열 가지
요소를 다시 한 번 점검하라. 당신에게 더 큰 성공을 보장해줄 것이다.

Note

마이클 달튼 존슨, 세일즈독SalesDog.com 대표
미국 최고의 세일즈맨들의 생생한 경험과 노하우를 담아 이 책을 엮은 마이클 달
튼 존슨은 세일즈 교육 전문 사이트 세일즈독의 대표이다. 30년 이상 비즈니스 활
동을 하면서 많은 성공 사례를 남긴 인물이다. 작은 출판사를 인수해 직원 세 명
규모에서 수백 명 규모로 키워낸 것도 그 좋은 예이다.

2부

고객 발굴 & 관리

: 다름 아닌 당신에게
주문을 해야 한다

66

내일 당장 현재 몸담은 회사를 떠나 경쟁사로 옮겨간다면, 당신을 따라올 고객이 몇 명이나
되는가? 가격이나 제품 품질, 서비스 등이 경쟁사보다 나을 것이 없다면 남은 것은 세일즈
맨 자신이다. 세일즈맨은 회사가 제공할 수 있는 가장 중요한 경쟁 자원이다. 이제 고객 입
장이 되어 "왜 다름 아닌 이 세일즈맨에게 주문을 해야만 하는 것일까?"라는 질문을 던져보
자. 당신과 거래하기 위해 고객들은 기꺼이 돈을 더 지불할 수 있을지 냉정하게 답해보라.

99

⑫ 전화걸기 공포증

전화 수화기가 한 100킬로그램쯤 나갈 것 같다는 생각을 해본 적이 있는가? 명단을 들고 무작위 전화를 걸 때가 되면 도무지 마음이 내키지 않는 상황 말이다. 슬럼프가 찾아온 것인지도 모른다. 지난번 전화에서 잠재 고객들이 했던 무례한 말이 어떤 영향을 남겼을 수도 있다. 거부당할 것이라는 두려움이 모든 의욕을 남김없이 앗아갔을 수도 있다. 어떤 이유에서든 무작위 세일즈 전화는 피하고 싶은 마음이 든다. 세일즈를 위해서 꼭 필요한 것이 무작위 전화인데도 말이다.

그렇다고 너무 낙심할 것은 없다. 최고의 세일즈맨들도 이 '전화 공포증'을 한 번씩은 겪게 마련이다. 너무 자주 겪지만 않는다면 괜찮다. 수화기를 도저히 들지 못할 것 같은 기분이 문제라기보다는 그런 기분을 어떻게 극복하느냐가 문제이다. 지금부터는 내가 터득한 극복 전략을 소개할 테니 참고해보라.

어떻게 극복할 것인가

통화 방식을 달리 시도하라

상한 음식은 맛이 없다. 잔디밭 위를 계속 걸어 다니면 결국 잔디가 죽고 오솔길이 난다. 세일즈도 마찬가지다. 모든 세일즈를 천편일률적으로 똑같이 하게 되면 언젠가는 상하거나 죽는다. 자기 방식을 기록하고 개선 방향을 모색해보라. 관점을 바꿈으로써 얼마든지 생생한 풀숲 위를 걸을 수 있다.

세일즈 전화를 녹음하여 들어보라

최고의 세일즈맨은 현재 수준에 만족하지 않고 늘 발전을 모색한다. 그 방법 중 하나가 자기 세일즈 전화를 녹음해 들어보는 것이다. 효과를 극대화하려면 동료들의 평가를 받아보는 것도 좋다. 용기가 필요한 일이지만, 이런 과정을 거치지 않고 능력을 최대한으로 발휘하기란 어렵다.

거절당하는 것을 거부하라

엘리노어 루스벨트는 "당신 스스로 동의하지 않는다면 열등감을 느끼기란 불가능하다"라는 말을 남겼다. 마찬가지다. 당신 스스로 동의하지 않는다면 거절당하기란 불가능하다. 매번의 전화에서 무언가를 배우겠다는 최소한의 목표를 설정하라. 그러면 결과가 어떻든 간에 그 목표는 달성하는 셈이다. "Yes"라는 답을 듣지 못한다 해도 잃을 것은 하나도 없다.

잘못된 방식은 고쳐야 한다

사실 얼마나 많은 세일즈맨이 잠재 고객의 저항을 자청하는지 모른다. 반발심을 유발하는 말투와 무의미한 질문만 계속한다면 성과를 얻지 못하는 것도 당연하지 않은가. 그러면 수화기를 들고 다음 번호를 돌리기가 점점 더 어려워진다. 잘못된 방식을 아무 생각 없이 고수하지 말라. 실험실의 쥐조차도 계속 전기 자극을 받다 보면 발판을 밟지 않는 법이다.

크게 생각하라

세일즈 성공의 가장 큰 장애물은 나 자신이 정한 한계이다. 최선을 다한다면 감당해내지 못할 범위란 없다. 큰 목표를 설정하고 "안 될 이유가 무엇인가?"라고 말해보라. 자신감이 생겨날 것이다.

좌절감의 고리를 끊어라

좌절감을 느끼면 세일즈 전화를 걸기가 어렵다. 좌절감이란 마음속에서 끊임없이 부정적인 감정이 순환하는 상태이다. 그 고리를 끊어주어야 한다. 긍정적인 사고를 자극하는 자기계발 도서를 사서 읽는 것도 괜찮다. 몇 페이지를 읽었다면 실천 계획을 수립하라. 긍정적인 행동에 초점을 맞추다 보면 더 이상 부정적인 생각에 매달릴 수 없게 된다.

성공한 역할 모델을 설정하라

주변이 온통 까마귀들인데 어떻게 백로를 꿈꿀 수 있는가 하는 생각이 드는가? 당신이 아는 범위에서 제일 성공한 사람을 떠올리고 그 사람처럼 행동하라. 성공한 사람은 주위 환경이나 다른 사람들을 탓하지 않는다. 대신 긍정적인 태도를 주변에 전염시킨다. 당신도 시도해보라!

열정이 필요하다

어차피 해야 하는 일이라면 최고로 해내려 애쓰지 않는 이유가 무엇인가? 주변을 둘러보면 최선의 노력을 다함으로써 감동을 주는 사례가 넘치도록 많다. 당신도 그런 열정을 일에 쏟아보라.

수화기가 갑자기 100킬로그램으로 느껴진다 해도, 아무리 애써도 수화기를 들지 못하더라도 섣불리 절망하지 말자. 위의 기법들을 차근차근 시도해보라. 그러면 어느새 미소 띤 얼굴로 새로운 고객과 대화하는 자신을 발견하게 될 것이다.

Note

아트 소브착 Sobczak, **비즈니스 바이 폰**Business by Phone **대표**
전화 세일즈 분야의 최고 전문가 아트 소브착은 현재 전화 세일즈가 직면한 가장 큰 문제가 자동 응답 및 연결 시스템이 아니라 심리적 장벽이라고 진단한다. 모르는 사람에게 전화 거는 일을 두려워하는 마음 말이다.

13 해야 할 일, 하지 말아야 할 일

세일즈맨의 수입은 새로운 잠재 고객을 얼마나 많이 끌어들이느냐에 달려 있다. 그럼에도 무작위 전화 세일즈는 차마 못하겠다고 지레 포기하는 세일즈맨이 많다. 하긴, 무리도 아니다. 거부감만 불러일으키는 기법들이 넘쳐나는 상황이니 말이다.

세일즈의 여러 측면이 다 그렇듯, 무작위 전화 세일즈도 무엇을 언제 해야 할지 알고 일관성을 유지하는 데 성패가 달려 있다. 무작위 전화 세일즈에서 유의미한 약속을 얻어내기 위해 '해야 할 일', 그리고 '하지 말아야 할 일'을 살펴보자.

전화를 걸기 전에 알아야 할 것

먼저 정보를 얻어라

무작위 전화 세일즈를 시도하기 전에 잠재 고객에 대해 더 많이 알아낼수록 약속을 잡게 될 확률이 커지는 것은 자명하다. 고객을 알아야 맞춤형 서두로 말문을 열고 적절한 질문도 던질 수 있기 때문이다. 덧붙여 준비가 철저한 세일즈맨이라는 인상도 남길 수 있을 것이다. "음, 무슨 일을 하시는 분이죠?"라는 애매한 질문을 던졌다가는 시간만 뺏는 무례한 잡상인 취급을 면치 못한다.

그럼 어떻게 정보를 수집해야 할까? 제일 먼저 전화를 받아준 사람을 활용하면 된다. 다음과 같이 접근해 그 사람을 당신 편으로 만들어라.

"좀 도와주셨으면 합니다. 일하시는 빌딩의 외부 관리와 조경을 담당하는 분 성함이 어떻게 되나요? (이름을 알아낸 후) 고맙습니다. 그럼 ○○씨의 업무와 관련해 혹시 몇 가지 질문을 드려도 괜찮을까요?"

단, 질문할 때는 상대의 시간을 너무 많이 빼앗지 않도록 주의하라. 이런 방법으로 무작위 전화 세일즈에 앞서 제 3자로부터 귀중한 정보를 얻을 수 있다.

홍보 자료를 보내지 말라

업무에 바쁜 사람들은 불청객일 뿐인 홍보 우편물을 쓰레기통에 던져버리는 게 고작이다. 이면지로 재활용이라도 된다면 다행이다. 아무리 여러 번 홍보 자료를 보낸다 해도 열어볼 확률은 희박하다. 그러므로 무작위 전화 세일즈에 앞서 "우편물을 보내드렸는데 혹시 보셨는지요?"라고 물었다가는 반감만 사기 마련이다.

숫자 맞추기 게임으로 여기지 말라

복권은 숫자 맞추기 게임이다. 하지만 무작위 전화 세일즈는 전혀 그렇지 않다. 잠재 고객 명단을 훑어보며 제대로 된 숫자를 골라내려고 노력해봤자 소용없다. 오로지 세일즈 한 건 한 건에서 성과를 기대하는 태도가 당신을 살린다.

초반부터 결정을 요구하지 말라

전화를 걸고는 다짜고짜 "저는 화요일 두 시에 찾아뵐 수 있는데요, 어떠실까요?"라고 묻지 말라. 아직 가치를 확인하지 못한 대상에 대해 의사결정을 내리라고 하면 사람들은 당연히 저항하기 마련이다. "비용을 절약하는 방법을 보여드린다면 만나주시겠지요?"라는 식으로 다그치는 것도 피하라. 사람들이 기꺼이 시간을 투자하도록 만드는 유일한 방법은 그럴 가치가 있다는 점을 보이는 것이다.

서두에서 관심을 유발하라

자, 이렇게 접근해보면 어떨까? "김철수 과장님, 저는 ABC사의 유재석이라고 합니다. 저희 회사의 전문 분야는 ○○(기존 고객들이 궁극적으로 원하고, 또한 얻고 있는 결과를 넣어라)입니다. 현재 하시는 일이나 업무 목표로 볼 때 이 부분에 관심이 있으실 것 같습니다. 좀더 설명을 드려도 괜찮을지 확인하기 위해 몇 가지 질문을 드리고 싶습니다."

무작위 전화 세일즈에서는 주로 질문을 하라

무작위 전화 세일즈에서 신속하게 언제 만날지 약속을 잡아야 한다고 주장하는 이들도 있다. 아마도 전화로 대화하는 데 자신이 없어서 그런 모양이다. 하지만 가능성이 없는 상대라면 힘들게 찾아가 확인하느니 전화 통화로 걸러내는 게 백번 낫다. 잠재 고객이 제대로 관심만 보인다면 전화로도 얼마든지 초반 작업이 가능하다. 직접 대면했을 때 하게 될 이야기를 먼저 흘릴 수도 있다.

"지금까지 하신 말씀을 들어보니 저희 시스템을 이용하시면 훨씬 힘을 더시게 될 것 같습니다. 구체적으로 현재 상태에 대해 질문을 드리고 저희 시스템도 보여드리려면 한번 만나 뵙는 것이 좋겠군요. 다음 주는 어떠십니까? (이후 어느 요일, 몇 시로 할지를 결정한다.)"

확인 전화를 걸라

확인 전화는 잠재 고객이 마음을 바꿔 약속을 취소할 기회를 주는 것에 불과하다고 생각하는 이들도 있다. 물론 가능성이 있는 얘기다. 하지만 정말로 약속을 취소할 작정이라면 찾아갔을 때 만나주지 않을 수도 있다. 확인 전화는 그럴 위험을 차단하고, 최악의 경우를 맞게 되더라도 시간을 절약시켜준다.

무작위 전화 세일즈는 계속해야 한다. 거절이 이어지더라도 실망하지 말라. 이전의 통화는 다음 통화와 아무 관련도 없다. 당신 스스로가 부정적인 감정에 사로잡혀 일을 망쳐버리지만 않는다면 말이다.

사람들에게 계속 말을 걸고 대화를 하는 일은 수입과 직결된다. 전화를 외면하고 홍보 자료를 든 채 거리를 헤매는 일은 좀처럼 돈벌이로 연결되기 어렵다. 처음부터 전화 상대를 잠재 고객이라 가정하고 대한다면 긍정적인 태도를 유지하는 데 도움이 될 것이다.

Note

아트 소브착 Sobczak, **비즈니스 바이 폰**Business by Phone **대표**
아트 소브착의 전화 세일즈 기법은 수많은 세일즈맨들에게 자기 반성의 기회를 제공하고 있다. 지금 전화 다이얼을 돌리고 있는 당신이 해야 할 일과 하지 말아야 할 일을 꼼꼼히 살펴보라.

철저한 준비가 관건이다 ⑭

배우들이 무대에 올라 더듬더듬 대사를 읊는다고 상상해보라. 썩 유쾌하지는 않은 광경이다. 세일즈맨이 전화를 걸어와 더듬거린다면 어떨까? 아마 불편한 느낌은 훨씬 더할 것이다.

무작위 전화 세일즈에서처럼 '준비'가 중요한 경우도 없으리라. 이런 세일즈가 성공하려면 잘 짜인 동시에 유연한 각본이 필요하다. 무작위 전화 세일즈는 결국 의사소통이다. 메시지를 만들고, 그 메시지에 관심을 집중시켜야 한다. 메시지를 준비하기 위해 오랫동안 준비했다는 점을 알아차린 고객은 당신의 말에 한층 더 귀를 기울일 것이다.

무작위 전화 세일즈 대본을 만들기 위한 3단계는 다음과 같다.

1단계 : 시작이 반이다

대본은 시작부터 잠재 고객의 관심을 끌어내야 한다. 그래야 다른 세일즈맨과 차별화될 수 있다. 이를 위한 구체적인 방법은 어떤 것이 있을까?

현장감을 살려라

문어체와 구어체는 매우 다르다. 문어체로 쓰인 대본은 어색하고 거리감을 느끼게 한다. 평소 말하는 대로 써보라. 대화 현장에서는 완전한 문장을 사용하지 않는다. 중간중간에 '음'이나 '어'가 섞이고, 심지어 문법이 틀리기도 한다. 이렇게 쓰는 것이 어려우면 녹음기에 대고 말을 한 뒤 다시 들으면서 받아써 보라.

핵심으로 바로 들어가라

"오늘 기분이 어떠세요?" 혹은 "잠시 시간 좀 내주실 수 있나요?" 같은 질문으로 잠재 고객을 귀찮게 하지 말라. 이름을 물어본 후 인사를 건네고 바로 자기를 소개하라. "제 이름은 유재석입니다. ABC사에서 일하고 있지요."

차별성을 부각하라

제품/서비스를 압축적으로 표현하는 한 문장을 고안해 사용하라. "AT & T는 전화기를 통해 원하는 바를 이루는 방법을 알려줍니다"와 같은 문장 말이다. 이런 문장은 전문가의 느낌을 풍긴다. 그리하여 그저 그런 흔한 세일즈맨과 만날 시간은 없다는 식의 거절을 사전에 차단한다.

창의성을 발휘하라

남들이 다 하는 소리를 떠든다면 다른 세일즈맨과 다를 바 없다. 남과 차별화되려면 창의성이 필요하다. 내가 처음 사업을 시작하던 시절에도 무작위로 전화를 걸어 영업하는 경쟁자들이 적지 않았다. 회사에 출근해 하루 종일 전화만 거는 박봉의 텔레마케터들이었다.

나는 신규 비즈니스 개발을 전문으로 하는 마케팅 컨설턴트라고 자신을 소개했다. 이를 통해 차원이 다른 전문가 급의 대접을 받았다. 신규 비즈니스 개발을 위해 외부에서 고용된 컨설턴트로서 말이다.

전문가로 대접을 받기 위한 방법은 다양하다. 예를 들어 "저희 전문 분야는 ○○입니다", 혹은 "저희는 ○○으로 유명합니다"와 같은 표현을 사용해보라. 잠재 고객과 같은 업계에 있는 고객의 이름을 슬쩍 거론하는 것도 좋다. 이렇게 하면 자기 업계를 잘 안다고 생각해 마음을 놓게 된다. 누군가의 소개를 받았다면 처음 인사하면서 반드시 소개해준 사람의 이름을 언급하라.

2단계 : 혜택에 초점을 맞춰라

이제 대본의 핵심을 전달할 차례이다. 제품/서비스를 소개하면서 혜택을 알려라. 잠재 고객은 세일즈맨이 아니라 오로지 자신의 이해관계와 유익을 따진다는 점을 기억하라. 잠재 고객이 무엇을 원하는지에 대한 연구가 바로 이 때문에 필요하다.

잠재 고객의 입장이 되어 말하라. 업계에 통용되는 은어가 있다면 적절히 사용하라. 이런 용어를 모른다면 전문가라고 할 수 없으니 말이다. 물론 잠재 고객이 그 은어를 모르는 경우라면 자제해야 한다. 우리의 목표는 의사소통과 이해에 있기 때문이다.

이 부분의 대본이 꼭 길어야 할 필요는 없다. 핵심 포인트 몇 개면 충분하다. 당신의 제품/서비스가 다른 고객에게 어떤 도움을 주었는지에 대한 성공 사례를 넣어주는 것도 효과적이다. 기존 고객이 어떻게 당신의 제품을 통해 시간이나 돈을 절약하게 되었는지 설명하는 것이다. 이를 통해 잠재 고객은 자기도 그런 혜택을 입을 것이라 기대하게 된다. 이러한 사례 이야기는 혜택을 딱 꼬집어 밝히지 않고 세련되게 드러내주는 것이 좋다.

모름지기 좋은 대본은 유연해야 한다. 잠재 고객과 함께 이어나가는 대화의 방식에 따라 대본의 어느 부분을 좀더 활용할 것인지 결정하라. 대본에는 그런 융통성이 있어야 한다. 상황에 따라 전술을 바꿔가는 것이다. 이를 위해서는 고객이 기대하는 혜택이 무엇인지, 특정 잠재 고객이 특히 관심 있어 할 혜택이 무엇인지에 대한 철저한 조사와 준비가 필요하다. 몇 가지 성공 사례를 준비하여 적절히 선택해 사용하라. 필요한 순간에 새로운 유머를 섞어 넣는 유연성도 발휘하면 금상첨화일 것이다.

3단계 : 원하는 바를 요청하라

마침내 마무리할 순간이다. 원하는 바를 분명히 전달해야 할 때다. 굳이 말하지 않아도 잠재 고객이 충분히 추측하고 이해하리라 기대하지 말라. 간명하게 원하는 바를 요청하는 것은 세일즈맨의 역할이다. 궁극적으로 원하는 바는 두말 할 나위 없이 분명하다. 잠재 고객이 제품/서비스를 구매하여 실제 고객으로 변화하는 것이다. 하지만 이는 아직 나중 일이다. 지금은 문간에 간신히 발을 들여놓았을 뿐이다.

당장 필요한 것은 약속을 잡는 것이다. 첫 전화 세일즈의 목적은 제품/서비스를 파는 것이 아니라, 약속을 파는 것이라고도 할 수 있다. 10~15분의 시간을 할애해 만나달라고, 그리하여 당신과 회사, 제품/서비스에 대해 들어달라고 부탁해야 한다.

미팅을 요청할 때에는 "한번 만나고 싶습니다", "저와 저희 회사, 제품에 대해 소개해드리고 싶습니다", "10분만 내주셨으면 합니다" 등 명확하게 단도직입적으로 말하라. 잠재 고객에게 시간을 선택하도록 하는 것도 효과적이다. "목요일이 좋으십니까, 아니면 다음 화요일이 더 좋으십니까?" 잠재 고객 입장에서는 약속을 할까 말까 결정하기보다 둘 중 어느 시간을 선택할지 고르는 일이 더 쉽기 때문이다.

일단 약속이 잡히면 잠재 고객의 이름, 직위, 주소를 확인하라. 또 당신의 이름, 회사, 전화번호도 상대가 제대로 메모하도록 해야 한다. 약속 날짜와 시간은 최소한 두 번 이상 반복하라. 천천히 분명히 발음하여 잠재 고객이 문제없이 기록하도록 하라. 그래야 잠재 고객이 자기 달력에 그 약속을 끼워 넣어 다른 일정과 겹치지 않도록 할 것이다.

대본 구성

전화 세일즈 대본을 만들기 위해 빼어난 문장가가 되어야 하는 것은 아니다. 다음 형식에 준해 틀을 만든다면, 제대로 준비도 하지 않고 무작위 전화를 시도하는 세일즈맨들과 확실히 차별화될 것이다.

- 잠재 고객의 이름 묻기
- 상대의 이름을 넣어 인사 건네기
- 자기 이름과 회사 밝히기
- 자기가 하는 일을 소개하기
- "저희 전문 분야는 ○○입니다", 혹은 "저희는 ○○으로 유명합니다"와 같은 표현을 사용해 전문가의 분위기 풍기기
- 제품/서비스의 혜택에 대해 성공 사례를 바탕으로 전달하기
- 원하는 바를 요청하기

훌륭한 세일즈 대본에는 '멋진 서두', '혜택의 강조', '원하는 바의 요청' 이라는 세 가지 기본 단계가 반드시 포함된다는 점을 기억하라. 전화 세일즈의 성공률을 높이려면 이 3단계를 잘 조직해야 한다.

Note

웬디 와이스 Weiss, **무작위 전화 세일즈 전문가**
발레리나였던 시절부터 '무작위 전화 세일즈의 여왕' 이라는 별명을 얻었다. 부상을 당한 뒤 세일즈 교육 전문가로 변신했고, 베스트셀러가 된 도서도 여러 권 썼다.

전화 세일즈에서 가장 많이 하는 실수 ⑮

 "다른 통화를 원하시면 전화를 끊고 다시 걸어주십시오"라는 익숙한 안내 문구는 세일즈맨을 염두에 두고 만들어진 것은 아니리라. 하지만 세일즈맨에게 딱 들어맞는 메시지이다. 이제 세일즈맨은 그 동안 잠재 고객이나 고객과 접촉했던 경험을 바탕으로 새로운 전화 세일즈 전략을 고안할 때이다.

 나 역시도 지금까지 수천 통의 세일즈 전화를 걸고, 받아왔다. 그리고 그 경험을 바탕으로 세일즈맨들이 전화할 때 가장 많이 저지르는 열 가지 실수를 정리해보았다. 잘 살펴보면 충분히 예방할 수 있었던 실수일 것이다. 안타깝게도 이런 실수들로 인해 세일즈맨의 노력은 저항에 부딪히고, 결국 원하는 결과를 얻지 못하는 일이 일어나곤 한다.

 다음에 열거한 실수 목록과 행동 수칙을 잘 따른다면 전화 통화를 좀더 생산적으로 만들고, 전문적인 세일즈맨으로서의 능력을 제고할 기회를 얻을 수 있을 것이다.

실수를 어떻게 만회할 것인가

열 번째 실수 : 불필요한 자료 보내기

세일즈맨을 떼어버리기 위해 가장 흔하게 하는 말? 바로 "관련 자료를 보내주세요"이다. 그리고 이 말을 듣고 자료를 챙겨 보내면서 잠재 고객을 한 명 확보했다고 착각하는 세일즈맨이 아직도 많다.

"관련 자료를 보내주세요"라는 말을 관심의 표명으로 착각하지 말라. 브로슈어 같은 자료는 세일즈를 보완하는 훌륭한 도구이지만, 자료가 세일즈를 대신할 수는 없다. 잠재 고객이 알아서 자료를 뒤적일 만큼 흥미를 보이지 않은 상태라면 자료를 찾아 보내는 시간은 십중팔구 낭비이다.

→ **행동 수칙** : 잠재 고객이 자료를 요청한다면 실제 관심 정도가 얼마만큼인지 확인하라. 종이와 우표 값, 그리고 귀중한 시간을 허비한 후 거절의 말을 듣는 것보다는 이 시점에 거절당하는 편이 낫다. 통화 초반에 자료 요청이 나왔다면 "지금 말씀드렸던 내용을 요약한 자료를 보내드릴 수 있습니다. 자료 내용이 마음에 드신다면 저희와 거래하실 생각이 있다고 봐도 될까요?"라고 질문을 해보라.

아홉 번째 실수 : 부정적인 전화 이미지

자기 목소리가 어떻게 들리는지에 대해서보다 어떤 색깔의 양말을 신을지에 대해 더 신경을 쓴다는 것은 참으로 놀랍다. 지금부터 실험을 해보자. 종이를 한 장 준비해 가운데 선을 긋고 한쪽에는 긍정적인

면, 다른 쪽에는 부정적인 면을 기록하기로 하자. 그리고 걸거나 받는 전화 10통을 대상으로 상대편에게서 받은 긍정적 혹은 부정적 인상을 적어보라. 통화가 끝나고 나면 양쪽을 비교해 전체적인 인상이 긍정적인지, 부정적인지 가늠해보라.

→ 행동 수칙 : 말소리를 개선하는 가장 좋은 방법은 녹음해 들어보는 것이다. 배우나 운동선수, 무용수, 가수 등은 모두 자기 모습과 목소리를 녹음 또는 녹화해 고칠 점을 찾는다. 이제 전문 세일즈맨도 그렇게 해야 한다.

여덟 번째 실수 : 통화 후의 정리 절차 생략

대부분의 세일즈맨이 그렇듯, 당신도 한 통화가 끝나자마자 바삐 손가락을 놀려 다음 전화를 거는가? 만약 그렇다면 귀중한 학습 기회를 낭비하는 셈이다. 모름지기 활동 중에는 학습이 일어나지 않는 법이다. 되돌아 반추해야 한다. 반성과 정리를 위해 잠시 멈추어야 더 많이 얻을 수 있다.

→ 행동 수칙 : 통화가 끝나면 다음 두 가지 질문을 스스로에게 던져보라.

- 이 통화에서 마음에 들었던 점은?
- 이 통화를 어떻게 다르게 만들 수 있었을까?

정리할 시간이 없다고 생각한다면 그 생각을 바꿔라. 정말로 그럴 리는 없으니까.

일곱 번째 실수 : 말 많은 세일즈맨

세일즈맨들이 전화기를 잡으면 걷잡을 수 없이 말이 많아지는 건 왜일까? 대화를 독점하는 것이 성공적인 통화는 아니다. 말이 많아질 수록 상대방은 그 말을 들으려는 마음이 줄어든다. 떠들어대는 세일즈맨 앞에서 잠재 고객은 흥미도, 대화하려는 의지도 잃어버린다. 당연히 거부 가능성도 높아진다.

→ **행동 수칙** : 듣는 방법은 누구나 다 안다. 문제는 실천이다. 이제 부터는 통화하면서 '내가 왜 이 사람의 말을 들어야 하지?' 라는 생각이 들 때 '이 말을 들어야 내가 무슨 말을 해야 할지 알 수 있고 세일즈를 할 수 있으니까' 라고 답해보라. 그러면 잠재 고객 의 입장으로 바로 감정 이입될 것이다.

여섯 번째 실수 : 교환원이나 비서를 적으로 만드는 것

압박을 느낄수록 저항도 강해지는 것은 기본적인 인간 심리이다. 아직도 전화 교환원이나 비서를 방해꾼으로 인식하며 원망하거나 미워하는 세일즈맨이 많다. 그리하여 방해꾼을 어떻게든 우회하여 가려 시도한다. 결과적으로 더 큰 저항과 경멸에 직면하면서 말이다.

→ **행동 수칙** : 교환원이나 비서의 업무는 무엇일까? 모시는 상사 가 가치 있는 통화만 할 수 있도록 걸러주는 역할이다. 이제부 터는 그 역할을 다하게 하면서 당신도 잠재 고객과 통화할 수 있도록, 그러니까 서로 '윈-윈' 할 수 있도록 만들어 보라. 어 떻게 하냐고?

가장 중요한 질문인 "어떤 일 때문에 그러시죠?"에 미리 답변을 준비하는 것이다. 이때 당신이 제공할 수 있는 혜택에 대해 설명하라. "업계의 다른 기업들이 더 적은 광고비로 더 많은 효과를 낼 수 있도록 도와드린 경험이 있습니다. 이사님께도 이런 제 경험이 유용하지 않을까 하여 몇 가지만 여쭤보려 합니다."

교환원이나 비서 또한 직원으로서 당신의 제품/서비스를 이용할 고객이라는 점을 고려해 질문을 던져보는 것도 좋다. "괜찮으시다면 지금 귀사에서 사용하는 제품/서비스에 대해 몇 가지 여쭤보고 싶습니다만……." 이렇게 질문을 시작하면 상대는 관심을 보이며, 귀중한 정보를 나눠줄지 모른다.

다섯 번째 실수 : 맥락에 맞지 않거나 부적절한 질문

상대방이 구매에 실제적인 관심이 있는지 여부를 파악하지 않고 무작정 말을 계속한다면 신뢰감이 깨지고, 거부감을 키우게 된다. 잠재 고객은 의미 있는 대화에 참여하는 대신 전화 통화를 끝내야 하는 이유를 생각해내는 데 집중할 것이고, 결국에는 대화를 거부하게 된다.

→ **행동 수칙** : 통화 전에 질문 전략을 짜도록 하라. 종이 왼쪽에 제품/서비스의 장점을 써라. 오른쪽은 다시 두 칸으로 나눠 한쪽에는 그로 인해 '해결되는 문제'를, 다른 쪽에는 '질문거리'를 적는다. 각각의 장점마다 그 장점이 해결하는 문제나 충족시키는 요구가 있을 테니, 해당 문제나 요구가 잠재 고객에게 존재하는지 질문으로 확인하는 식이다. 그리고 통화 중에 그 질문을 활용하라.

질문을 던지고 대답을 듣는 과정에서 확신이 생기지 않았다면 제품/서비스의 장점을 절대로 제시하지 말라. 만약 빠르고 정확한 배송이 잠재 고객의 요구라고 추측했다면 다음과 같은 질문을 던져볼 수 있을 것이다.

- 얼마나 빠른 배송을 원하십니까?
- 오후 주문 후 이튿날 배송을 신청한 적이 있습니까?
- 이튿날 배송을 원했는데 이틀을 기다려야 할 때 어떻게 하십니까?
- 그런 상황에서 어떤 불편이 있습니까?

이에 대한 고객의 대답을 들으면 배송에 대한 요구가 있는지 없는지, 빠른 배송이라는 장점이 진정으로 가치를 지니는지 여부가 드러난다.

네 번째 실수 : 준비 부족

준비가 부족한 세일즈 통화는 마치 꼬리 없는 연이 방향을 못 잡고 흔들리듯 어지럽게 흘러간다. 이에 반해 유능한 세일즈맨은 사전에 그림을 그려둔다. 스키 선수인 킬리Killy는 "선수가 출발선에 설 때 결과는 이미 결정된다"고 이야기한 바 있다. 통화의 결과 또한 수화기를 집어들기 전에 이미 결정되는 편이다.

→ **행동 수칙** : 성공적인 통화를 위해 가장 중요한 단계는 목표 설정이다. 현재 지점이 어디인지, 통화가 끝날 때 위치할 지점은 어디인지가 나와야 하는 것이다. "통화 막바지에 나는 무엇을 하고

싶은가, 잠재 고객은 무엇을 해야 하는가?"라는 질문을 던져보라. 목표가 설정되었다면 지점 이동을 위해 무엇이 필요한지 생각하라. 이를 바탕으로 어떤 정보를 제공할지가 결정될 것이다.

세 번째 실수 : 거절에 대한 오해

안타깝게도 거절의 이유는 다른 무엇도 아닌 세일즈맨에게 있을 가능성이 가장 높다. 대체로 제대로 된 질문을 하지 못하거나, 말이 너무 많거나, 상대는 관심도 없는 특징들만 나열해대는 세일즈맨들이 거절을 당하기 마련이다. 그러나 거절당했을 때 세일즈맨이 그 이면에 있는 이유를 찾으려 하지 않고 즉각 반박하고 나서는 것은 더 큰 문제이다.

→ **행동 수칙** : 거절에 대처하는 최선의 방법은 아예 거절을 당하지 않도록 하는 것이다. 그럼에도 거절을 당하고 말았다면 그 이유를 깊숙이 파헤쳐 보아야 한다. 그래야만 상황을 이해하고 적절히 반응할 수 있다.

또한 진짜 거절에는 딱히 이유가 없을 수도 있다는 점을 기억할 필요도 있다. 나는 거절당했을 때 "알겠습니다. 그럼 그 이야기를 해볼까요?"라고 답하곤 한다. 고객에게 반박하기 위해 물고 늘어지기보다 진지하게 논의하고 싶다는 점을 알리는 것이다.

두 번째 실수 : 거래 유도 실패

실상 거래 요청은 기술이 별로 필요 없는 일이지만 많은 세일즈맨들이 가장 어려워하는 일이기도 하다. 잠재 고객이 아무리 뜨거운 관심과 호감을 보였다고 해도 제대로 거래 요청을 받지 않는 한 기대하는 그 행동을 먼저 해주지는 않는다. 세일즈맨이 거래 요청을 하지 못해, 다시 말해 상대의 참여를 유도하지 못해 비생산적인 후속 전화에 시간이 낭비되는 상황은 참으로 많다.

→ **행동 수칙** : 질문하는 습관을 가져라. "그렇게 계약합시다"라는 대답을 보장하는 마법의 기술 따위는 없다. 평소와 다른 결과를 원한다면 익숙함에서 벗어나야 한다. 필요할 때 거래를 요청하지 못한다면 이유를 분석하여 단계적으로 행동을 바꿔나가야 할 것이다.

첫 번째 실수 : 호감이 아닌 저항감을 불러일으키는 첫마디

대략 전화 통화의 첫 15초 동안 상대에게는 당신에 대한 호감 혹은 저항감이 생겨난다. 안타깝게도 대부분의 세일즈 통화는 저항감을 불러일으키고 결국은 자존심에 상처를 주는 거절, 혹은 통화 거부로 이어진다. "저희는 이러이러한 제품을 판매합니다. 제품에 대해 말씀드리고 싶군요"라는 진부한 말을 들은 상대는 '그래서 어쩌라고? 왜 내가 그 설명을 들어야 하지?' 라고 생각한다. "안내 편지를 보내드렸는데 읽으셨는지 모르겠습니다"라고 말하는 경우도 있다. 그러나 잠재고객이 그 편지를 뜯어 읽어보았을 가능성은 지극히 낮다.

→ **행동 수칙** : 저항감이 아닌 관심을 불러일으키려면 다음 3단계를 활용해보라.

● 자신과 회사를 간단히 소개하라.

- 호기심을 자극하는 장점에 대해 언급하라.
- 상대를 대화에 끌어들여라. 말하기보다는 듣기를 더 많이 해야 한다는 점을 기억하라. 고객의 구체적 상황과 요구를 알아야 적절한 설명을 할 수 있다고 말하라.

예를 들어 "저는 그래픽스 인더스트리의 김철수라고 합니다. 소매업 사장님들이 광고비는 낮추면서도 방문 고객 수는 늘릴 수 있도록 도와드리고 있지요. 관심이 있으시다면 몇 가지 설명을 드리고 싶은데요"라고 말하는 것이다. 혹은 이렇게도 가능하다. "깨끗한 세상의 이태백입니다. 현재 사용하고 계신 청소 제품의 구입 비용을 낮출 수 있도록 도움을 드리고 싶습니다. 우선 어떤 청소 제품을 사용하고 계신지 알려주셨으면 합니다."

관리자에게 질문을 던져 좋은 정보를 얻었다면 고객의 현재 상황을 십분 반영한 서두 발언이 가능하다. "김철수 부장님, 저는 ABC 엔지니어링의 이태백라고 합니다. 반도체 부품 마무리 공정의 개선 방안을 찾고 계시다고 들었습니다. 다른 제조업체들이 이미 도입한 공정을 소개해드리고 싶은데요……."

모든 통화에는 부가가치 지점이 있어야 한다. 고객들이 통화하는 것만으로 무언가 얻었다고 느끼게 되는 지점 말이다. 반가운 소식이든, 유용한 정보든, 새로운 아이디어든 다 좋다. 예를 들어 "스타 서비스의 린다입니다. 벌써 2년이 넘도록 저희와 거래해 오셨네요. 구매 업무를 좀더 간단히 처리할 수 있는 프로그램을 구상해보았습니다. 흥미로운 정보도 몇 가지 입수했는데 관심이 있으실 것 같네요"라고 말해보는 것은 어떤가.

통화를 시작하여 마침내 원하는 것을 얻으려면 상대의 입장이 되어야 한다. '내가 구매자라면 더 듣고 싶어질까?, 하던 일을 제쳐두고 통화에 매달리고 싶어질까?' 라는 질문을 던져보라. 아니라는 대답이 나온다면 실제 통화에 앞서 조금 더 고민해야 한다.

통화 서두에는 말이 적을수록 좋다는 점을 명심하라. 잠재 고객이 무언가를 얻고 싶은 마음, 혹은 계속 통화를 하지 않으면 뭔가 중요한 정보를 잃을지 모른다는 두려움을 갖도록 하여 통화를 생산적인 시간으로 만들어라. 그러면 결국 거래가 이루어질 것이다.

Note

아트 소브착 Sobczak, **비즈니스 바이 폰**Business by Phone **대표**
22년 동안의 전화 세일즈 교육 경력을 바탕으로 소브착은 세일즈맨들이 가장 많이 저지르는 실수 열 가지를 정리해냈다. 각 항목에 따라 소개되는 행동 수칙에 특히 주목하기 바란다.

악수가 당신에 대해 말해주는 것들 ⑯

악수는 그 사람의 많은 것을 알려준다. 자신감, 따뜻함, 솔직함을 전달할 수도 있는 반면 나약함, 확신 부족, 무관심을 드러내기도 한다. 악수가 전하는 메시지는 잠재 고객의 마음속에 강력하게 남는다. 당신의 악수가 제대로 된 신호를 보내도록, 잠재 고객에게 좋은 인상을 남기도록 지금부터 이야기하는 사항들을 주의 깊게 살펴보라.

악수의 기술

손의 힘 조절하기

악수는 힘이 있어야 하지만 과도하면 곤란하다. 악수하면서 혹시라도 상대를 내 쪽으로 끌어당기지는 않는지 주의하라. 이는 공격적인 행동으로 해석되고, 상대는 저항감을 높이게 된다.

진정성 보이기

건성으로 하는 악수는 곧 표가 난다. 그런데도 힘없이 대충 악수하는 세일즈맨들이 놀랄 정도로 많다. 이런 악수를 하게 된 상대는 바로 관심을 거둬버린다. 다정하고 힘차게 악수하라.

눈을 들여다보기

손을 내밀며 눈길을 마주치면서 미소 지어라. 치아를 드러내는 미소가 필요하다! 이런 따뜻하고 신뢰감이 묻어나는 인사는 당신을 곧 친구로 만들어준다. 다른 조건이 같다면 사람들은 친구에게서 물건을 사기 마련이다.

손바닥 잡기

상대의 손가락을 쥐는 일은 없도록 하라. 손 전체를 감싸 쥐고 부드럽게 두세 번 흔들어라.

양손으로 감싸 안기

전화로 여러 차례 이야기를 나눈 고객을 마침내 직접 보게 되었다고 하자. 반가움을 표시하는 한 가지 방법은 내 오른손과 맞잡은 상대의 오른손을 내 왼손으로 감싸는 것이다. 이는 악수의 친밀감을 높여준다. 하지만 모르는 사람에게 이런 행동을 하지는 말라. 전에 한번 만났던 사람과 다시 악수한다면 왼손으로 상대의 손을 감싸며 다시 만난 기쁨을 표현할 수 있다.

인사말 덧붙이기

악수는 인사말 없이는 완성되지 않는다. 가장 무난한 것은 "만나서 반갑습니다"이다. 상대가 회장이나 의장 등 지위가 높은 경우에는 "만나 뵙게 되어 영광입니다"라는 식으로 급을 올릴 수도 있다. 첫 인사 다음에는 아직 손을 잡고 있는 동안 다음 대화를 시작해야 한다. "최근 생산 라인에 혁신을 가하셨다고요." 상대가 말을 시작하면 천천히 아쉬운 듯 손을 빼내라. 이런 동작은 상대의 말을 경청한다는 의미로 받아들여진다.

몸짓으로 말하기

자세는 아주 중요하다. 똑바로 서서 상대에게서 세 발짝 정도 되는 거리를 유지하라. 손은 주머니에서 빼두라. 상대를 곁눈질하지 말고 똑바로 쳐다보라. 상대의 관심이 당신에게 집중될 때까지는 손을 내밀지 말라.

작별 인사하기

만남이 끝나면 다시 악수를 나눠야 한다. 이제 오래 남을 인상을 줄 기회이다. 구매자와 제대로 유대관계가 형성되었다면 악수하면서 왼손으로 상대의 오른팔을 가볍게 잡은 후, "요청하신 기술 보고서를 오늘 보내드리고 다음주 수요일에 전화드리겠습니다. 만나서 반가웠습니다"라는 식으로 약속을 정리해주는 것도 좋다. 두 손으로 하는 이러한 악수는 관심과 집중을 표현한다.

연습하기

춤과 마찬가지로 악수도 연습을 필요로 한다. 연습이 당신을 완벽하게 만든다. 거울 앞에서 서서 손을 내밀어 보라. 자신감, 다정함, 열정 등 긍정적인 이미지가 전달되고 있는지 확인하라. 악수는 개성의 표현이며, 내면에서 자연스럽게 우러나오는 친밀한 인사가 되어야 한다는 점을 기억하라. 조금만 연습하면 어떤 상황에서 누구를 만나든 적절히 악수할 수 있을 것이다.

악수는 더 많은 거래를 성사시키도록 하는, 또한 지속적이고 유익한 관계를 형성해주는 강력한 비즈니스 자원이다. 그러므로 악수를 잘하기 위해 연구하고 연습하는 시간은 그야말로 가치 있는 투자라 할 것이다.

Note

마이클 달튼 존슨, 세일즈독 SalesDog.com **대표**
미국 최고의 세일즈맨들의 생생한 경험과 노하우를 담아 이 책을 엮은 마이클 달튼 존슨은 세일즈 교육 전문 사이트 세일즈독의 대표이다. 30년 이상 비즈니스 활동을 하면서 많은 성공 사례를 남긴 인물이다. 작은 출판사를 인수해 직원 세 명 규모에서 수백 명 규모로 키워낸 것도 그 좋은 예이다.

끊임없이 잠재 고객을 발굴하는 비결 ⑰

내가 아는 어느 세일즈맨은 무작위 접근 세일즈, 일명 '콜드콜Cold Call'을 끔찍이 싫어한다. 회사에서 실적이라면 첫 손가락에 꼽히면서도 무작위 접근은 단호히 거부하는 것이다. 그렇지만 그가 일단 시작한 세일즈는 둘 중 하나가 거래 성공으로 마무리된다. 그의 세일즈 방식이 궁금한가? 바로 기존 고객에게서 잠재 고객을 소개받는 것이라고 한다. 과연 그는 언제 어디서든 끊임없이 잠재 고객을 소개받는다. 그 비결이 무엇일까?

소개를 통한 판매가 가장 쉽다

실제로 세일즈에서 고객의 소개는 다른 어떤 방법보다도 쉽고 빠르다. 이는 분명한 사실이다. 특히 기업을 상대로 한 영업에서는 소개받은 잠재 고객과의 거래 성공률이 40, 50, 심지어는 100퍼센트에 이르기도 한다.

고객에게 소개를 받는 경우 두 가지 장점이 있다. 첫째, 소개해준 사람이라는 연결고리가 있다. 세일즈맨의 입장에서는 잠재 고객에 대한 사전 정보가 주어진 상태이고, 잠재 고객의 입장에서는 귀 기울여 들어줄 동기가 있다. 무작위 접근이 아니므로 반은 이기고 들어가는 것이나 다름없다.

두 번째 장점은 더욱 중요한데, 소개를 해줬다는 것 자체가 세일즈맨이나 기업, 제품/서비스에 대한 명시적 혹은 묵시적 인정을 의미한다는 점이다. 이는 즉각적인 신뢰 형성으로 이어진다.

2단계 접근법

많은 세일즈맨들이 이 천금같은 기회를 좀처럼 잡지 못하고 있다. 이유는 두 가지이다. 잠재 고객을 소개해달라는 부탁이 압력으로 느껴질까 봐 두려워한다는 것, 또한 어떻게 부탁하면 좋을지 방법을 모른다는 것이다. 소개를 부탁하면 고객들이 부담스러워하거나 싫어할 거라고 생각하는 이들도 많다.

하지만 당신이 세일즈맨의 역할을 훌륭히 해냈다면, 그리하여 고객이 혜택을 입었다면 이미 신뢰와 만족의 관계가 형성된 셈이다. 그 귀중한 자원은 활용해야 마땅하다! 두려워하지 말고 신뢰 관계를 발판으로 삼아라. 압박으로 느껴질 것이라는 생각은 떨쳐버려라. 소개를 부탁했을 때 벌어질 수 있는 최악의 상황이란 무엇인가? 고객이 단 한 명의 이름도 알려주지 않는 것이다. 그렇다면 크게 밑질 것도 없는 도박이 아닌가.

물론 어떻게 부탁할 것인지에 대해서는 좀더 살펴볼 필요가 있다. 소개 판매를 많이 하는 세일즈맨은 다음 2단계 접근법을 활용한다고 한다.

1단계 : 요청

판매 과정을 마치고 고객이 완전히 만족했다는 점을 확인한 후 "저의 회사에서는 판매망을 확대하려고 애쓰고 있습니다. 혹시 지금 구입하신 제품의 혜택을 함께 받으면 좋을 것 같은 지인 한두 분 정도 소개해주실 수 있을까요?"라고 물어보라.

그리고 입을 다물고 기다려라. 이는 직선적으로 핵심을 찌르는 질문이다. 무엇을, 왜 부탁하는지 밝힌 것이다. '혜택'을 언급한 것도 좋다. 소개하는 사람이 지인들에게 도움을 주는 입장에 서도록 만들기 때문이다. 원-윈 게임이다. 고객들은 이런 게임을 좋아한다.

2단계 : 보상

한두 명을 소개받고 난 후 "고맙습니다. 이 분들 중 누구라도 저희 제품을 구입하시게 되면 감사의 뜻으로 운동모자나 골프 셔츠를 보내드릴 수 있습니다. 어느 쪽이 좋을까요?"라고 묻는다. 보상에 대한 이야기는 반드시 소개받은 후에 해야 한다. 자칫 잘못하면 잠재 고객의 이름을 얻기 위해 뇌물을 쓰는 식이 되어버리기 때문이다. 꼭 기억해야 할 부분이다.

이러한 소개 판매 방법에는 특별히 복잡할 것이 없다. 더욱이 실제로 널리 활용되면서 효과를 증명한 방법이기도 하다. 앞서 언급한 세일즈맨은 누구라도 소개를 받지 않고 거래를 종료하는 경우가 거의 없을 정도이다. 아직도 두려워하고 있는가? 자기만의 방법을 고안해 요청하라. 당신의 거래 실적도 곧 높아질 것이다.

Note

짐 도먼스키|Domanski, **텔레컨셉 컨설팅**Teleconcepts Consulting **대표**
도먼스키는 벨 캐나다 사의 전화 세일즈 업무를 10년 동안 담당하다가 컨설팅 사업을 시작했다. 도먼스키는 기업을 대상으로 하는 전화 세일즈 분야의 개척자로 통하는 인물이다.

고객 관리라는 곡예

18

곡예사는 공이나 접시를 한꺼번에 몇 개씩 공중에 던지고 받는 묘기를 부리곤 한다. 세일즈맨에게 기존 고객을 챙기면서 신규 고객을 발굴하는 일은 때때로 그런 곡예와 비슷하다. 곡예사가 공이나 접시를 하나라도 떨어뜨리면 안 되듯이, 세일즈맨도 기존 고객과 신규 고객 사이에서 균형을 유지해야 한다. 물론 말처럼 쉽지만은 않은 과업이다.

당신은 어떻게 이 과업을 수행하고 있는가? 기존 고객을 유지하려면 정기적으로 전화를 걸거나 방문해야 한다. 그 시기와 방법은 미리 계획해야 하지만, 융통성이라는 여지도 남겨둘 필요가 있다. 다시 말해 고객을 면밀히 관찰하고 필요를 감지하며, 위험 신호를 민감하게 포착해야 한다는 것이다. 위험 신호로는 다음과 같은 것들이 있다.

- 구매량의 변화. 외적 변수가 없이 구매량이 감소하고 있다면 경

각심을 가져야 한다.

- 제품이나 서비스, 가격, 배송 등에 대한 불만 제기 증가
- 경쟁자의 장점에 대한 언급
- 공감의 문제. 세일즈 전화나 방문을 했을 때 좀처럼 친밀한 분위 기가 형성되지 않는다면 관계에 문제가 생긴 것이다.
- 담당자 교체 및 신규 담당자의 무관심
- 고객 회사의 합병. 고객 회사를 삼킨 더 큰 회사는 새로이 공개 입 찰을 실시하는 경우가 많다.

위험 신호가 포착되었다면 즉각 철저한 조사에 나서야 한다. 고객을 찾아가 불만 사항을 접수하라. 침착한 태도를 잃어서는 안 된다. 운이 좋다면 불만 사항을 효율적으로 처리할 수 있다. 아니라면 신뢰 구축, 고객의 수요 규명, 해결책 제시, 고객 설득 등의 전 과정을 다시 반복해야 한다. 시간이 많이 들기 때문에 그만큼의 투자 가치가 있는지부터 판단하도록 하라.

위험 신호가 포착되었을 때

1년에 한 번, 혹은 다른 기간을 정해두고 규칙적으로 실시하는 점검은 고객의 상황, 업계 전반의 상황, 경쟁자들의 전략, 경쟁자와 비교했을 때의 장단점 등을 살펴보기 위한 중요한 과정이다. 혼자 정보를 수집하는 데 그치지 말고 고객과 직접 만나 과거와 미래의 관계를 토론

해보라. 그렇게 직접 만나보면 고객의 만족도가 드러나고, 신규 제품 판매의 가능성도 제기된다. 당신이 고객에게 신경을 쓰고 있다는 점을 알림으로써 신뢰가 강화되는 효과도 있다.

다음은 이런 만남을 좀더 효율적으로 하는 몇 가지 방법이다.

- 아침이나 점심 식사를 함께 하면서 만난다.
- 조명이 잘 되어 대화하기 편안한 장소를 선택한다.
- 거래에 관여하는 사람을 모두 초대한다. 구매 결정자가 둘이라면 함께 만난다.
- 지난해 거래 상황을 확인하기 위해 필요한 자료는 모두 챙겨간다.
- 만나는 시간이 너무 길거나 짧지 않도록 한다.
- 무슨 말을 할 것인지, 어떻게 대화를 이어나갈 것인지 사전에 준비한다. 필요하다면 회의 자료를 만들어 일주일 전에 고객에게 보내둔다.
- 고객의 요구와 관심을 경청한다.
- 신뢰관계를 형성해 도움을 주고 싶다는 희망을 반복해서 알린다.
- 대화하면서 당장의 거래나 관심사를 넘어설 기회를 모색한다. 필요한 경우 소개장을 요청할 수도 있다.
- 상황 점검이 끝나고 나면 새로운 제품/서비스에 대한 소개, 특별 행사 안내 등을 한다. 새로운 가능성에 관심을 촉발시킬 기회이다.

다이아몬드 캐기

기존 고객에게 서비스를 제공하는 것만으로는 충분치 않다. 유능하고 현명한 세일즈맨은 기존 고객을 바탕으로 새로운 거래 가능성을 계속 모색한다.

농장을 팔아치우고 행운을 찾아 전 세계를 떠돌았던 농부의 이야기를 아는가. 결국 가진 돈을 다 잃은 농부는 바다에 몸을 던져 스스로 목숨을 끊었지만, 정작 그가 팔아치운 농장에서 다이아몬드 광산이 발견되었다고 한다.

당신도 혹시 눈앞에 있는 기회를 못 보고 엉뚱한 곳만 쑤시고 다니는 것은 아닌가? 프로 세일즈맨은 기존 고객이야말로 신규 비즈니스의 최대 원천이라는 것을 잘 안다. 기존 고객과 좋은 관계를 맺고 있다면 부담 없이 소개를 부탁해 신규 고객과 연결될 수 있기 때문이다. 앞 장에 이어 기존 고객을 통해 비즈니스를 확대하는 몇 가지 방법을 소개하면 다음과 같다.

고객의 기업 내에서 소개받기

고객과 이야기를 나눌 때는 회사의 다른 사무실이나 지점에서 당신의 제품/서비스를 필요로 하는 곳이 없을지 유심히 살피도록 하라. 그런 낌새가 있다면 기존 고객에게 구두 소개나 서면 소개를 요청할 수 있을 것이다.

기업 외부로 확장하기

기존 고객에게 혹시 아는 사람 중에 당신의 제품/서비스를 필요로 하는 경우가 있는지 묻고, 만약 그렇다면 소개장을 써달라고 부탁하라. 서면 소개는 "○○ 회사의 ○○ 소개로 왔습니다"라는 말보다 훨씬 강력한 법이다.

판매 규모를 늘리기

기존 고객에게 구입량을 늘릴 필요나 생각이 있는지 확인하라. 이때 억지로 권유하는 식이 되지 않도록 기술적으로 해야 한다.

추가로 다른 제품/서비스를 판매하기

고객의 상황을 고려해 필요하다고 판단되면 신규 제품/서비스를 권해보라. 본래 거래가 만족스러웠다면 진지하게 검토해줄 가능성이 높다. 너무 망설이지 마라.

구매의 질을 높이기

고객이 중저가 제품을 사용하고 있다면 고급 제품으로 전환하도록 시도해보라. 고객 기업이 성장하고 있는 와중이고, 수요가 바뀌고 있는 경우라면 더욱 그렇다. 예를 들어 고객은 이전에 사용하던 복사기보다 기능이 한층 업그레이드된 복사기를 원할지 모른다. 상황을 예민하게 감지해 적절한 제안을 내놓도록 하라. 말할 것도 없이 경쟁자보다 한 발 앞서야 한다.

판매 후의 고객 관리는 결코 쉽지 않은 일이다. 효율적인 의사소통, 잠재 고객의 새로운 수요 감지 능력, 함께 성장해가려는 열정 등이 필요하다. 세일즈맨 입장에서는 과부하라고 느껴질 수도 있다. 하지만 고객은 언제든 불만족하면 떠나가는 존재임을 기억하라.

세일즈맨은 고객을 위해 늘 신경을 곤두세우고 성의를 보여야 한다. 그 노력은 충성 고객 확보와 신규 고객 소개로 충분히 보상받을 것이다.

Note

토니 알레산드라 Alessandra, **어세스먼트 비즈니스 센터**AssessmentBusinessCenter.com **대표**
토니 알레산드라는 코네티컷 대학에서 MBA를, 조지아 주립대에서 마케팅 박사를 취득한 재원이다. 그가 쓴 책은 17개 언어로 번역되어 소개된 바 있다.

손으로 쓴 편지의 힘 ⑲

신규 고객 확보에서 가장 어려운 부분은 무엇인가. 바로 메시지 전달이다. 더욱이 우편물로 이를 시도하는 세일즈맨이 늘어나면서 메시지 전달은 한층 더 어렵게 되었다. 매일같이 고객에게 쏟아지는 판촉 메시지 더미 속에서 전혀 차별화되지 못한 채 묻혀버리기 십상이기 때문이다.

이메일 자동발송 기능 덕분에 세일즈맨은 아주 손쉽게 고객들을 괴롭힐(?) 수 있다. 이메일 계정이나 휴대폰 문자메시지 보관함은 짜증나고 무례한 판촉 메시지로 넘쳐난다. 그러므로 남들과 똑같이 접근한다면 당신의 메시지도 똑같이 무시당하고 곧장 삭제되어 버릴 것이다.

그런데 이런 상황이 가져오는 의외의 장점도 있다. 역으로 세일즈 효과를 높일 방법이 생겨나는 것이다. 예를 들어 낡은 펜을 들어 손으로 직접 편지를 써 보낸다면 즉각 고객의 관심을 사로잡을 수 있다. 이메일, 전화, 갑작스러운 방문과 달리 손으로 쓴 편지는 늘 환영받는 법이다. 일단 드물기 때문에 호기심을 불러일으킨다. 스팸 메일과는 전혀 달라 보이기 때문에 사람들은 기꺼이 봉투를 열고 읽어본다.

마음을 얻는 법

손으로 쓴 편지의 힘은 인간적이라는 데 있다. 당신에게 손으로 편지를 써 보내는 사람이 누구인지 생각해보라. 가족이나 친구일 것이다. 당신이 손수 쓴 편지를 받은 고객은 옛 친구의 소식을 듣는 것처럼 반갑고 편안해진다. 그 편지는 이제 당신에 대해, 당신의 영업 방식에 대해 중요한 메시지를 전달한다.

내가 잘 아는 동료 세일즈맨은 고객들에게 최고의 날을 선사한다는 철칙을 세워두었다. 인간적인 무언가를 받게 된 고객은 하루, 하다못해 몇 분이라도 행복하지 않을까? 고객의 마음속에 온기를 불어넣는 세일즈맨은 잊을 수 없는 존재가 되고, 긍정적인 반응을 얻는다. 세일즈맨이 그 잠재 고객을 특별히 생각하고 있으며, 인간적으로 대한다는 인상을 남기기 때문이다. 무언가를 구입하게 될 때 그 잠재 고객이 누구를 택할지는 자명하다.

물론 손으로 쓴 편지를 받는 그 순간에 당장 고객의 돈이 당신의 손으로 굴러 들어오지는 않는다. 고객들은 스스로 준비가 되었을 때 구매하는 법이다. 하지만 구매하려고 하는 바로 그 순간에 당신이 제일 먼저 머리에 떠오르도록 하는 것은 중요하다. 손으로 쓴 편지를 정기적으로 보낸다면 압박감을 주지 않고도 고객의 머릿속에 기억될 수 있다. 잊을 만하면 어깨를 톡톡 두드려준다고 할까?

당신이 고객에 대해, 고객의 필요에 대해 진지하게 생각하고 있다는 점을 전달할 방법은 아주 많다. 도움이 될 만한 기사를 보내줄 수도 있다. 업무나 일상에서 조심해야 하는 점을 정리해서 보낼 수도 있다. 신제품 소개도 좋다. 하지만 직접적으로 거래를 요청해서는 안 된다. 부담스럽게 여겨질 수 있는 그 어떤 언급도 배제하라. 고객들도 당신이 왜 편지를 보내는지 정도는 알고 있다. 그것을 굳이 확인시켜줄 필요는 없다.

손으로 쓴 편지 발송이 너무 과중한 업무라고 생각하는가? 옳은 말이다. 바로 그래서 당신의 경쟁자들은 그 방법을 잘 택하지 않는다. 그러나 오늘날의 경쟁 상황에서 성공은 차별화에 달려 있다. 어쩌면 3분이라는 시간과 우표 값은 충분히 제몫을 해줄 수도 있을 것이다.

Note

톰 리처드 Richard, **세일즈 교육 전문가 겸 작가**
톰 리처드는 요즘 젊은이답지 않게 옛날 방식을 선호한다. 고객과 사적 관계를 형성하고 직접 만나 대화를 나누는 전통적인 세일즈가 오늘날에 특히 더 필요하다는 입장이다.

선물 잘하는 요령은 따로 있다

가족이나 친구에게 줄 선물을 고르는 일은 결코 쉽지 않다. 비즈니스 관계에서의 선물 고르기는 한층 더 어렵다. 끙끙거리며 머리를 싸매고 고민해도 고객에게 어떤 감사 선물을 하면 좋을지 묘안이 떠오르지 않는다. 시간을 절약해 줄 몇 가지 요령을 소개하니 참고해보라.

실패하지 않는 선물 하기 매뉴얼

사려 깊은 선물은 커다란 보상으로 돌아온다

대기업과 거래하는 입장이라면 중요한 직원들에 대한 정보를 수집하라. 취미가 무엇인가? 골프인가, 요리인가? 낚시를 좋아하는 고객이라면 낚시 소개 책자를 보내보라.

직접 만든 선물은 환영 받는다

이런 선물은 특히 명절에 효과가 좋다. 타고난 살림꾼 고객이 아니라면 직접 음식을 준비할 시간이 없을 것이다. 직접 구운 쿠키나 사탕, 밑반찬을 보내면 크게 환영받을 수 있다. 예쁘게 포장하는 것을 잊지 말라.

여성 고객은 초콜릿을 좋아한다

이런 선물의 경우 양보다는 질이 중요하다. 공장에서 만든 초콜릿을 커다란 상자 가득 담은 선물보다 귀한 수제 초콜릿이 든 작은 바구니가 더 큰 기쁨을 준다. 커피나 차, 작은 화분, 화초 등도 여성 고객에게 어울리는 선물이다. 당신이 여성 세일즈맨이라면 아로마향초나 목욕 용품을 보내는 것도 효과적이다. 남성 세일즈맨이라면 지나친 친밀감의 표시가 될 수 있으니 자제하라.

남성 고객은 작은 소품이나 기호품을 좋아한다

최신 소형 전자제품이나 컴퓨터 주변 기기 중에서 적당한 물건을 골라보라. 고급 펜, 작은 병에 담긴 견과류도 좋다. 고객의 흡연 취향을 안다면 담배도 괜찮은 선물이다. 이때에도 양이 아니라 질을 중시해야 한다. 값싼 담배를 잔뜩 보냈다가는 쓰레기통으로 직행하기 십상이다.

지역 특산물을 살펴라

당신이 사는 지역의 특산물 중에서 누구나 좋아할 만한 것을 골라

라. 어디서나 구할 수 있는 선물을 보내는 것에 비해 훨씬 오래 기억에 남을 것이다.

너무 비싼 선물은 삼가라

받을 수 있는 선물의 가격 상한선을 정해둔 회사들이 적지 않다. 고객 한 명에게 값비싼 선물을 보내기보다 사무실 전체가 나눠 먹거나 쓸 수 있는 재미있는 선물을 보내는 편이 더 효과적일 때도 있다.

술은 피하라

술 선물은 조금 위험하다. 고객이 특정 위스키를 좋아한다는 정보가 분명한 경우라면 예외지만 말이다. 독실한 기독교 신자인 고객에게 술 선물을 보내면 어떤 반응이 나오겠는가?

광고는 금물이다

회사 로고를 찍어 보내는 선물은 선물이 아니다. 로고가 들어간 펜, 마우스패드, 계산기 등은 홍보물에 불과하다. 그보다는 차라리 백화점 상품권이 낫다. 문화상품권도 유용하다.

카드를 보내라

크고 작은 고객을 막론하고 명절에는 카드를 보내야 한다. 종교적인 문구는 삼가하고 광고도 넣지 말라. 명절 인사 카드에 회사 로고나 선전 문구를 넣는 사람들이 얼마나 많은지 모른다!

도착 시간을 맞춰라

새해 선물로 펜이나 탁상시계를 골랐다면 신나는 분위기를 만드는 반짝이 종이로 포장한 후 새해 직전에 도착하도록 보내라. 언제 도착하느냐가 당신의 선물을 다른 사람의 그것과 차별화시킨다.

선물은 언제든 가능하다

선물을 할 기회는 명절 외에도 무수히 많다. 새로 계약이 성사되도록 도움을 준 사람, 멀리서부터 회사를 견학하러 와준 사람, 처음 만난 사람 등에게 선물을 하면 어떨까? 호텔 방에 와인 한 병과 과일 바구니를 넣어주는 것도 멋진 선물이다. 방문객이 떠날 때 지역 특산품을 선물하면 좋은 기억을 남길 수 있다.

고객에게 사과해야 할 일이 생겼다면 이 또한 선물을 할 좋은 기회이다. 전화 한 통이나 사과 편지 한 장으로 해결되기 어려운 상황 말이다. 당신 개인의 잘못이 아니라 해도 회사를 대표하는 입장에서 정중히 사과해야 할 때 적당한 선물은 큰 역할을 한다.

무엇을 보내면 될까? 꽃 선물이 가장 좋다. 여성 고객이라면 화병에 꽃꽂이를 해서 보내라. 장미는 애정의 의미가 강하므로 피하라. 백합도 장례식을 연상시킬 뿐 아니라 향이 너무 강하므로 피하는 것이 좋다. 여러 종류를 섞으면 가격이 올라갈 테니 예산이 빠듯하다면 한 종류 꽃으로 멋진 꽃다발을 만들어라. 남성 고객에게는 화분에 심은 화초가 좋다. 꽃보다는 분재, 관엽 식물을 선택하라.

세심하게 고른 선물은 당신이 얼마나 고객을 배려하는지 알려준다. 선물에 충분한 시간과 노력을 들여라. 그리하여 고객이 결정적인 순간에 당신을 기억하도록 하라.

Note

티나 로사소 LoSasso, **세일즈독**SalesDog.com **편집장**

수천 명에 달하는 고객들을 위해 선물을 고르고 보내는 일을 하면서 티나 로사소는 어느새 선물 전문가가 되었다. 그의 조언을 참고해보라.

거래가 성사되지 않았을 때 해야 할 일

21

"심사숙고 끝에 다른 판매자가 선정되었습니다. 양해 부탁드립니다." 참으로 마음 아픈 소식이다. 몇 개월씩이나 공을 들였던 세일즈의 열매가 결국 다른 사람의 차지가 되고 만 것이다.

덧붙여 "그 동안 보여주셨던 노력과 정성에 감사드립니다. 정말 전문가다운 모습이었습니다"라는 얘기까지 들으면 더욱 마음이 아프다. 당신이 최선을 다했다는 점은 인정하지만, 그래도 계약서를 써줄 정도는 아니었다는 말이 아닌가.

'진짜' 고객을 만드는 법

자, 어떻게 할 것인가? 이런 상황을 맞닥뜨린 세일즈맨은 다음 두가지 실수 중 하나를 저지르기 쉽다. 하나는 그대로 돌아서 잠재 고객을 영영 놓쳐버리는 것이고, 다른 하나는 사정하며 '쿨하지 못하게' 매달리는 것이다.

좋은 세일즈맨을 넘어서서 탁월하기까지 한 세일즈맨들은 이런 경우 예비 역할을 자청한다. 예기치 못한 상황이 발생했을 때 바로 나서줄 예비 공급자 말이다. 그러면 고객과의 관계를 계속 유지할 수가 있다.

예비 수단을 마련해두는 일은 어느 회사에게나 필요하니 거부당할 걱정은 없다. 예비 역할을 맡기로 한 후에는 다음과 같이 훌륭한 세일즈맨의 모습을 보여주어야 한다.

겸손한 패자가 되라

계약을 따낸 회사에 대해 나쁜 소리는 절대로 하지 말라. 이렇게 되면 그 회사를 최종 선택한 고객을 욕하는 셈이기 때문이다.

패배한 이유를 알아보라

무엇 때문에 탈락했는지 물어보라. 어렵지 않게 대답을 얻을 수 있을 것이다. 혹시라도 고객이 답을 주지 않고 머뭇거린다면 예비 역할을 잘 해내기 위해 정보가 필요하다고 말하라. 그렇게 해서 알아낸 탈락 이유는 훗날을 위한 귀중한 교훈이 된다.

과정을 돌이켜보라

거래를 위해 노력해온 과정을 되짚어 보며 상세한 부분까지 분석하라. 이를 다음 세일즈를 위한 교훈으로 삼아라.

관계 형성을 계속하라

예비 역할을 넘어서 장차 주거래 상대가 될 수 있도록 최선을 다하는 것이 중요하다. 정기적으로 연락을 취하라. 당신의 다른 세일즈 성공담을 알려주는 것도 좋다. 고객이 사용하는 제품에 대한 최신 정보를 모아서 보내고, 고객이 문제를 겪고 있다면 나름의 해결책을 모색해 제시하는 것은 어떤가. 이렇게 당신이 늘 준비되어 있다는 점을 알려야 한다. 이렇게 하면 당신은 계속해서 고려 대상으로 남을 수 있다.

소개를 부탁하라

이상하게 들릴지 모르지만 결국 당신을 선택해주지 않은 잠재 고객이라 해도 다른 회사에는 기꺼이 당신을 소개하곤 한다. 거기서 거래가 성사되었다면 감사 편지를 보내라.

회사 안의 모든 사람과 좋은 관계를 유지하라

현재는 최종 의사결정에 참여하지 않는 사람도 앞으로는 그렇게 될 수 있다. 가장 지위가 낮았던 직원이 나중에 중요한 의사결정자가 되어 처음부터 좋은 관계를 맺어왔던 내게 기회를 주었던 일도 있었다.

회사의 구매 담당자는 늘 바뀌게 되어 있다. 신임 담당자는 기존 거래처를 바꾸려 들지도 모른다. 아니면 친하게 지내던 직원이 다른 회사로 옮겨간 후 거래를 요청할 가능성도 있다.

회사 행사나 파티에 잠재 고객을 초청하라

언젠가 나는 파티를 열면서 우리와 한 번도 거래한 적이 없는 회사의 직원들까지도 초대한 적이 있었다. 그 회사의 직원들은 우리 직원들과 기존 고객들이 즐겁게 어울리는 모습을 지켜보았다.

파티가 끝날 무렵 그 회사의 사장이 다가와 "우리는 어떻게 해서 당신의 회사와 거래를 하지 않게 된 것이지요?"라고 물었다. 나는 미소를 지으며 어깨만 으쓱해 보였다. 그리고 바로 다음날 그 회사와 계약서에 서명을 했다.

꾸준히 추적하라

처음에 실패했던 이유가 무엇인지, 그래서 앞으로는 어떻게 해야 할 것인지를 꼼꼼하게 기록하고 정리하라. 당신의 제품/서비스가 경쟁자의 것보다 뛰어나다면 그 지위를 유지하라. 잠재 고객이 부품이나 서비스에 불만을 품기 시작할 때 이상적인 대안으로 부각될 수 있도록 만반의 준비를 해야 한다.

절대로 포기하지 말라!

'절대로' 나와는 거래하지 않겠다고 말한 회사가 있었다. 그러나 정확히 18개월 후 나는 그 회사와 계약을 맺었다. 불가능해 보일지라도 미리 포기하지만 않는다면 가능성은 늘 열려 있는 것이다.

놓쳐버린 고객에게도 성심을 다하라. 그들에게 진짜 거래하는 사이가 된다면 한층 더 좋은 관계가 맺어지리라 상상하게 만들라. 가장 오래 알고 지낸 회사가 결국은 거래를 따내게 된다. '진짜' 고객인 듯 대하다 보면 어느새 '진짜' 고객이 되어 있을 것이다.

Note

개리슨 윈 Wynn, **윈 솔루션**Wynn Solutions **사 설립자 겸 대표**

24세의 젊은 나이로 세일즈와 마케팅 분야에 뛰어든 개리슨 윈은 3년 만에 세일즈 책임자가 되는 기록을 세웠다. 현재는 배우로 활동했던 과거의 경험과 비즈니스를 결합해 세일즈맨을 교육하고 있다.

22 왜 이 세일즈맨에게
주문을 해야 할까?

내일 당장 현재 몸담은 회사를 떠나 경쟁사로 옮겨간다면, 당신을 따라올 고객이 몇 명이나 되는가? 거의 없다는 대답이 나온다면 지금까지 당신은 고객들에게 제대로 가치를 전달하지 못한 셈이다.

생각해보라. 당신이나 경쟁자나 똑같이 훌륭한 제품을 제공한다. 서비스도 양쪽 모두 훌륭하다. 가격도 별 차이가 없다. 고객 입장에서는 어느 쪽이든 마찬가지인 상황이다.

그렇다면 차별화될 수 있는 유일한 방법은 세일즈맨이다. 〈포춘〉지 선정 500대 기업 중 두 곳을 대상으로 조사한 결과, 고객들이 거래에서 얻는 총 가치의 35~37%가 세일즈맨에서 나온다고 한다. 당신은 고객에게 그만큼의 가치를 제공하고 있는가?

가격 면에서 경쟁자보다 나은 조건을 제시하지 못하는 상황에서 어떻게 고객에게 가치를 전달할 수 있을까? 서비스가 경쟁사보다 나을 것이 없다면 어떻게 거래를 성사시킬 것인가? 당신 자신을 판매하는 방법뿐이다. 고객 입장이 되어 "왜 다름 아닌 이 세일즈맨에게 주문을 해야만 하는 것일까?"라는 질문에 답해야 한다.

가격으로 경쟁할 수 없을 때

세일즈맨은 제품의 품질이나 회사의 서비스 수준에 결정력을 행사할 수 없다. 하지만 세일즈맨으로서의 활동만 놓고 본다면 달라진다. 세일즈맨의 능력은 고객 만족의 첫 번째 요소라는 연구 결과도 있다. 다른 조건이 동일할 때 어떻게 하면 고객이 다름 아닌 당신을 선택하도록 할 수 있을까? 어떻게 하면 당신의 가치를 높일 수 있을까?

전문가가 되라

학생이 되었다고 생각하라. 시장, 기업, 고객, 제품, 세일즈에 대해 부단히 지식을 쌓고 키워라. 당신과 거래하지 않을 수 없을 정도의 전문가가 되어라. 당신을 기준으로 삼아 다른 모든 세일즈맨을 평가할 수 있도록 하라.

사후 관리를 철저히 하라

구매 고객들의 가장 큰 불만은 사후 관리 부재이다. 판매 후에도 서비스를 약속하라. 고객이 완벽하게 만족할 때까지 옆을 떠나지 않겠다는 점을 확신시켜라. 판매 전, 판매 중간, 판매 후에 언제든 도움을 주어야 한다. 많이 약속하고, 약속한 것보다 더 많이 이행하라.

비용이 아닌 가치를 더하라

세일즈에 가치를 부가할 방법을 부지런히 모색하라. 세일즈맨인 당신이 고객의 눈에 비용이 아닌 이익으로 인식되어야 한다. 고객이 더 큰 효율성과 생산성을 누리도록 하라. 당신의 제품/서비스로 고객이 최대의 효과를 얻도록 하라. 거래 성사를 위해 쏟아 붓는 만큼의 노력을 관계 유지에도 투자하라. 매 단계마다 가치를 재창조하라.

가격이나 제품의 품질, 서비스로 경쟁하지 못한다면 남은 것은 당신 자신이다. 그러므로 당신은 회사가 제공할 수 있는 가장 중요한 경쟁 자원이다. 이제 "당신과 거래하기 위해 고객들은 기꺼이 돈을 더 지불할 수 있는가?"라는 기본적인 질문에 냉정하게 답해보라.

Note

톰 라일리 Reilly, **톰 라일리 트레이닝 사 대표**
톰 라일리는 가치 부가 판매의 전문가이다. 그는 늘 "가격이 아닌 가치를 판매해야 한다!"고 역설한다.

기존 고객을 잃게 되었을 때 (23)

몇 시간 동안 잠재 고객 명단을 훑어가며 전화를 걸지만 실패를 반복하고 있다. 이제 거래의 80%를 차지하는 상위 20% 단골 고객 명단으로 넘어간다. 잠재 고객 발굴에 실패했으니 단골 고객을 통해 매출 실적을 달성해야 하는 입장이다.

아! 찾았다. 재주문을 넣을 때가 된 단골 고객이 있다. 전화기를 들고 번호를 누른다.

"퀄리티 산업입니다."

"안녕하세요? 김철수 씨와 통화하고 싶은데요."

"죄송하지만 김철수 씨는 퇴사하셨습니다."

갑자기 심장이 쿵 내려앉는 듯한 느낌이다. 어떻게 대답해야 할지를 모르겠다.

"아, 그래요? 어떻게 된 일이지요?"

당신은 간신히 말을 잇는다.

"그냥 퇴사하시게 되었습니다."(아마 해고되었다는 뜻이리라.)

큰일이다. 늘 좋은 관계를 유지하던 직원, 즐겁게 함께 잡담을 나눠 주었던 직원(어쩌면 그것 때문에 해고되었는지도 모른다), 더욱 중요하게는 당신의 제품을 좋아하고 잘 사주었던 직원이 사라진 것이다. 어떻게 해야 할까? 일단 김철수 씨의 후임이 누구인지 알아야 한다. 물어보니 이태백이라고 한다. 전화를 끊는다.

어떻게 대처할 것인가

이런 상황에 처해 보았는가? 사실 세일즈맨이라면 자주 겪는 일이다. 혹시 당신은 '이태백'에게 전화를 걸었을 때 다음과 같은 말을 하는 실수를 저지르지는 않는가.

"안녕하세요? 이태백 씨인가요? 저는 ABC사의 유재석이라고 합니다. 김철수 씨의 후임으로 오셨다고요? 김철수 씨는 늘 저한테서 사무용품을 구입했지요. 지금쯤 재구매를 하실 시점이라 전화드렸습니다. 우선 김철수 씨가 어떤 식으로 저희와 거래했는지 말씀드리고 주문을 받을까 합니다."

당신이 이런 전화를 걸었을 즈음 이태백은 이미 수많은 세일즈맨과 통화했을 것이다. 당신의 전화를 매몰차게 끊어버리지만 않아도 다행이다. 새로운 담당자와 관계를 트려면 좀더 전략적인 접근이 필요하다.

아무것도 전제하지 말라

새로운 담당자는 그 자리로 오기 전에 다른 곳에서 다른 세일즈맨과 비즈니스 파트너 관계를 맺었을 것이다. 그 관계는 당신과 전임자의 관계보다 훨씬 더 돈독할 수도 있다. 때문에 당연히 당신과 거래하는 게 좋다는 식으로 나갔다가는 영원히 밉보일지도 모른다.

축하 카드를 보내라

새로운 담당자의 이름을 알았다면 손으로 축하 카드를 써서 보내라. 하지만 카드에 홍보 문안을 넣어서는 안 된다. 앞으로 만나서 이야기를 나눌 기회가 있으면 좋겠다고 쓰고 서명한 뒤 회사 이름만 넣어라. 새 업무를 맡은 첫 주에는 그 직원 앞으로 오는 우편물이 별로 없을 테고, 그런 상황에서 받은 카드는 오래 기억될 것이다.

이제 새로운 구매자에 대해 정보를 모아라. 오래 거래한 회사라면 옛 담당자 외에도 아는 직원이 있을 것이다. 새로운 담당자가 어디서 왔는지, 개인적인 관심사가 무엇인지, 오자마자 처리한 일들은 어떤 종류인지 등을 알아내라.

전화를 걸어 자기를 소개하고 가치를 부가하라

최고로 좋은 인상을 남겨야 한다. "안녕하세요? 저는 ABC사의 유재석입니다. 퀄리티 사에서 새 업무를 시작하시게 된 것을 축하드립니다.(잠시 잡담을 나눠도 좋다.) 지난 몇 년 동안 저는 퀄리티 사에 질 좋은 사무용품을 공급하여 직원 분들이 아무 문제없이 업무를 처리하시도록 도왔습니다. 새 업무를 파악하느라 바쁘시겠지만 잠시만 통화할 수 있을까요? 사무용품 공급에서 어떤 점을 중시하시는지, 제가 어떻게 도울 방법이 있는지 말씀을 나누고 싶습니다만."

대화의 초점은 어디까지나 세일즈맨이 아닌, 새로운 구매자에게 두어야 한다. 당신이 회사와 오랫동안 거래해온 세일즈맨이라는 점을 너무 내세우며 '기존의 방식대로 거래하는 것이 최고'라고 강요하는 식이 되어서는 절대 안 된다.

새로운 구매자와 관계를 형성하는 한편으로 기존의 구매자가 어디에 가 있는지 확인하는 것도 잊지 말라. 안부 전화를 걸어라. 단골 고객과 연락을 유지하다 보면 얻는 것이 분명 있을 것이다.

Note

아트 소브착 Sobczak, **비즈니스 바이 폰**Business by Phone **대표**
전화 세일즈 기법의 전문가인 아트 소브착. 이 글에서는 운 나쁜 날, 즉 기존 고객을 잃어버리게 된 상황에 처했을 때 현명한 대처 방법에 대해 전하고 있다.

3부

심리 게임

: 생각의 방향을 조종하라

좋은 질문을 통해 우리는 잠재 고객의 마음속에 들어가고, 그 생각의 방향을 조종할 수 있다. 질문을 받은 후 그 대답을 생각하지 않기란 거의 불가능한 것이 우리 인간의 심리이다. 한번 시험해보자. 질문을 던질 테니 그 대답을 생각하지 않도록 해보라. 당신은 몇 살인가? 보통 사람이라면 어쩔 수 없이 답을 생각하고 말았을 것이다. 제품 및 서비스의 구매 결정은 어디서 이루어지는가. 바로 고객의 마음속이다. 따라서 고객의 그 마음이 움직이는 방향에 영향을 미칠 수 있도록 질문을 던져야 한다.

성공은 내면에서 나온다

나는 위대한 세일즈맨은 타고나는 것이 아니라 만들어진다고 믿는다. 그리고 위대한 세일즈맨으로 '만들어지기' 위해서는 제대로 된 훈련과 지도를 받아야 할 뿐 아니라, 내적 수양과 태도 변화가 필요하다고 본다. 제대로 된 마음가짐과 태도가 갖춰지지 않으면 배운 것을 최대한으로 발현할 수 없기 때문이다. 최고 실적을 올리는 전문 세일즈맨들로부터 내가 찾아낸 내면적인 측면의 다섯 가지 특성을 제시하면 이렇다.

최고 실적을 올리는 세일즈맨의 공통점

강인한 정신

모든 세일즈맨이 갖춰야 하는 최고의 덕목이다. 전통적인 세일즈

교육에서는 어찌된 일인지 등한시하는 요소이지만 말이다. 상위 5%
의 세일즈맨들이 올리는 실적은 그 아래 50%의 세일즈맨들 실적보다
훨씬 높다. 고객의 특성을 파악하고 협상하는 기술이 특별히 뛰어나기
때문일까? 그렇지는 않다. 비결은 다름 아닌 정신력이다. 정신력이 강
인해야 꼭 해야만 하는 일을 기어이 해낼 수 있기 때문이다.

의사소통 능력

맞장구를 잘 친다고 원만하고 효율적인 의사소통이 이루어지지는
않는다. 중요한 것은 잠재 고객이 자기의 문제를 기꺼이 털어놓을 수
있도록 신뢰의 분위기를 만드는 것이다. 실제 세일즈 과정을 분석하면
90%는 거짓말이나 잘못된 정보로 채워져 있는 경우가 많다. 우리는
잠재 고객이 마음을 열고 문제를 드러내도록 만드는 의사소통 방법을
찾아내야 한다. 그래야만 진정한 세일즈가 가능하다.

가치 인식

세일즈맨이 자기 제품/서비스가 지닌 가치 명제의 핵심을 이해하지
못하는데 어떻게 잠재 고객이 계약서에 서명하도록 만들 수 있겠는
가? 안타깝게도 대부분의 세일즈맨은 제품의 가치를 이해하는 것이
미흡한 형편이고, 결국 실제 가치의 극히 일부만을 전달하고 만다. 가
치를 충분히 전달하려면 부단히 공부하고 연습하고 생각해야 한다.

사람을 다루는 능력

사람은 정말 변덕스러운 존재이다. 하지만 어쩌겠는가? 계약을 체

결하고 대금을 지불하는 자가 바로 사람 아닌가. 우리가 지구상의 삶을 받아들이는 한 인간관계의 도전 또한 받아들여야 한다. 일단은 자기 자신과의 관계를 잘 만들고, 이를 상사, 고객, 잠재 고객 등 외부 관계로 확대시켜야 한다.

세일즈를 시작했다면 이미 인간관계를 시작한 셈이다. 그것도 수없이 많은 인간관계를 말이다. 당신은 사람들의 행동을 충분히 이해할 만한 심리적 분석력을 갖췄는가? 세일즈맨 앞에서 대부분의 잠재 고객이 속마음을 감추는 이유를 아는가? 프레젠테이션에 만족했다가도 2주일 후에는 말을 바꿔버리는 이유는? 최종 구매 결정을 내리지 못하고 질질 끄는 이유는 무엇인가?

이런 문제를 흘려보내지 말고 붙잡아 연구하고 고민하라. 그 효과는 곧 나타날 것이다. 경쟁자들과는 완전히 다른 차원에서 세일즈가 가능하기 때문이다.

과정 중심 사고

가능성 없는 상대와 너무 많은 시간을 보내고 있지는 않은가? 시간은 또박또박 우리 곁에서 사라져가는 자산이다. 그 시간은 당신 제품의 가치를 이해하고 믿는 진정한 잠재 고객과 이야기를 나누며 보내야 마땅하다. 하지만 늘 그렇게 되지는 않는다.

가치를 제대로 확신하지 못한 세일즈맨은 갈피를 잡지 못하고 누구든 상대해주는 사람을 붙잡고 시간을 보내기 마련이다. 그리고 결국에는 고객에게 잘 맞지도 않는 제품/서비스를 무리하게 권하여 갈등이나 불만을 야기하게 된다. 설사 거래를 성사시켰다 해도 투자 시간을 보상하기에는 터무니없이 부족한 규모인 경우가 많다. 이제 훌륭한 잠재 고객은 어떤 사람인지, 그런 사람은 어떻게 생각하고 행동하는지 계속 고민해보자. 머지 않아 더욱 효과적인 세일즈가 가능할 것이다.

성공은 내면에서 나온다. 이상의 다섯 가지 특징에 초점을 맞춘다면 긍정적인 태도와 정신적인 성숙을 이루고, 결국 뛰어난 세일즈맨이 될 수 있을 것이다.

Note

빌 카스키|Caskey, **카스키 어치브먼트 스트래티지**|Caskey Achievement Strategies **사 대표**
이 글을 쓴 빌 카스키는 19년 동안 수백 명에 달하는 세일즈맨과 경영자들을 교육해왔다. 그는 세일즈란 삶, 돈, 그리고 의미에 대한 확신이라고 강조한다.

25 모든 것은 위험부담 때문이다

참으로 혼란스러울 때가 있다. 나의 제품은 잠재 고객이 현재 사용하는 것보다 훨씬 더 좋은 제품이고, 가격도 합리적이며, 서비스는 나무랄 데가 없다. 잠재 고객이 이 제품을 구입한다면 비용도 절약되고 재고가 줄어들 것이며, 인생이 행복해질 것이다.

그런데 어째서 고객은 그 최고의 선택을 하지 않는 것일까? 멍청하기 때문에? 세일즈맨이 자기도 모르는 사이에 압박감을 주었기 때문에? 둘 다 아니다. 위험부담 때문이다.

위험부담이란 잘못된 결정을 내렸을 때 회사와 개인이 지게 되는 경제적, 사회적, 감정적, 시간적 비용이다. 하여 위험부담은 때로 고객들이 가장 중요하게 인식하는 요소가 된다. 특히 처음 거래하는 사이일 때 그렇다. 상황이 이렇다면 세일즈 과정에서도 이 점을 첫 번째로 언급해야 하지 않을까?

고객이 위험하다고 인식하는 모든 것. 이것이 위험부담의 정체라

하겠다. 위험부담은 명확하게 수치화될 수 없다. 객관적이지도 않다. 위험부담은 당신과 잠재 고객이 나누는 대화 이면에서 아무도 모르게 커져간다. 위험부담은 두려움으로 말미암아 생기기 때문에 말로 표현되지 않는 경우가 많다. 위험부담을 언급하는 것은 곧 두려움을 인정하는 셈이기 때문이다.

두려움을 인정하는 것은 나약함을 드러내는 셈인데, 세상에 나약해 보이고 싶어 하는 사람은 아무도 없다. 위험부담은 '잘못된 결정을 내렸을 때 회사에 어떤 일이 일어날까?', 혹은 '잘못된 결정을 내렸을 때 결정을 내린 그 사람에게는 어떤 일이 일어날까?'라는 질문에 대한 답변이기도 하다.

최고의 선택을 하지 못하는 이유

완전히 다른 두 가지 위험부담의 사례를 살펴보자. 당신이 집에 가는 길에 갑자기 아내의 전화를 받는다고 하자. 친구들이 저녁에 갑자기 놀러온다는 소식이다. 당신은 아내의 부탁을 받아 근처 가게에 들러 종이컵을 산다. 두 종류의 종이컵 중에 하나를 골라 서둘러 집으로 향한다.

아내는 방금 사온 종이컵에 음료수를 따라준다. 아뿔싸! 마시기도 전에 음료가 줄줄 샌다. 급히 다른 컵을 집어 들고 음료를 옮겨담지만 이럴 수가! 이것도 불량이다. 확인해보니 전부 다 불량 종이컵이다. 이 실수에 대해 치러야 할 비용은 얼마인가? 금전적 비용에 사회적, 감정적 비용까지 더해진다. 아내에게 잔소리를 들은 당신은 또다시 가게로 달려가 다른 종이컵을 구해야 할 것이다.

위의 예는 인생의 다른 의사결정에 비해 위험부담의 수준이 경미하다. 0에서 25까지 점수를 매긴다면 불량 종이컵을 구입하는 위험부담은 0에 가까울 것이다. 하지만 그렇지 않은 경우라면? 여러 해 동안 내가 관여해온 국제 입양 기관에서 다른 예를 찾아보자.

성폭행을 당한 어린 여학생이 임신을 한다. 뱃속의 아이를 입양시킨다는 결정에 따르는 위험부담은 대단히 크다. 그 결정은 최소한 네 사람의 인생에 중대한 결과를 가져온다. 0에서 25점까지의 척도에서 이 결정의 위험부담은 25이리라.

서로 다른 의사결정은 서로 다른 위험부담을 동반하게 되어 있다. 이를 염두에 두고 잠재 고객의 의사결정 과정을 이해하고, 잠재 고객의 입장이 되어보라. 실수를 한다면 잠재 고객은 어떤 위험부담을 안아야 할까? 나의 제품/서비스가 완벽하므로 위험부담은 전혀 없을 것 같은가? 그건 당신 생각일 뿐 고객의 입장이 아니다. 지금 이 순간 잠재 고객에게는 완벽한 보장이란 말이 없다. 다른 모든 고객이 만족했다고 이야기해도 그것을 늘 믿어주지는 않는다.

'이 잠재 고객은 구매 결정에 따르는 위험부담을 몇 점으로 생각할까?' 라는 질문을 스스로에게 던져보라. 당신이나 당신의 회사가 실수할 경우 잠재 고객에게 어떤 일이 일어날지 생각해보라. 위험부담이 높다면 어떻게 해서든 낮춰주어야 한다. 이를 위한 전략은 다음 세 가지이다.

위험부담을 낮춰라

더욱 친밀한 관계 형성

관계가 친밀할수록 위험부담은 줄어든다. 반면 관계가 소원할수록 위험부담이 커진다. 가격이 더 높고 질이 떨어지는 제품이라 해도 여러 해 동안 알고 지낸 세일즈맨과의 거래를 선택하는 이유가 바로 여기 있다. 때문에 가격 할인보다는 관계 형성에 집중하는 편이 훨씬 효과적이다.

판매 내용의 구체화

구매한 것이 무엇인지 불분명하다면 위험부담이 높아진다. 고객의 구매 행동과 관련해 상상의 영역을 최소화하라. 당신 회사의 사무실이나 생산 공장을 직접 눈으로 보게 하라. 똑같은 제품이 사용되고 있는 예를 보여주라. 품질 보증 서류를 손에 쥐어주라. 판매와 관련한 모든 측면을 객관적이고 실제적으로 만들어라.

증거 제시

증거가 무엇이냐고? 당신 외의 다른 사람이 당신의 제품, 서비스, 회사에 대해 이야기하는 것이다. 다른 고객이 보내는 추천 편지, 제품/서비스를 사용하는 다른 고객의 사진, 고객 명단, 실제 사례 조사 결과, 경제 잡지에 실린 기사 등등이 여기에 해당될 것이다.

바야흐로 위험부담의 개념, 그리고 위험부담이 구매자에게 미치는 영향은 오늘날 기업 대 기업의 거래에서 가장 중요한 요소로 부각되고 있다. 구매 의사 결정을 위해 위험요소를 어떻게 줄이면 좋을지 끊임없이 고민하라. 마침내 당신을 성공으로 이끄는 강력한 세일즈 전략을 얻게 될 것이다.

Note

데이브 카일Kahle, 세일즈 컨설턴트 겸 교육 전문가
전혀 다른 업계의 두 회사에서 모두 최고 세일즈맨으로 등극한 인물, 그리고 신생 회사의 월 매출을 38개월 만에 20배 이상으로 끌어올린 신화의 주인공이 바로 이 글을 쓴 데이브 카일이다. 1988년부터 그는 세일즈 교육 전문가로 활약하고 있다.

불안감을 자극하는 질문의 힘 ㉖

한 세일즈맨이 잠재 고객인 회사의 사장을 만나려 하고 있다. 전화를 걸었더니 비서는 두 달 후에 있을 주식 상장과 관련된 미팅이 아니라면 약속을 잡아줄 수 없다고 말한다. 세일즈맨은 잘 아는 주식 거래인에게 전화를 걸어 그 회사의 주식 상장에 대해 의견을 물었다. 그리고 상장 직후 며칠 동안은 주가가 오르겠지만, 다른 시장으로 비즈니스를 확대해나가지 못한다면 이후 가격 하락을 면치 못할 것 같다는 이야기를 전해 들었다.

다음날 세일즈맨은 회사 1층 로비에 앉아 점심 먹으러 나가는 사장을 기다렸다. 그리고 사장이 나타나자마자 면담을 신청했다. 사장은 비서를 통해 약속을 잡으라고 말했다. 세일즈맨은 "다른 시장에 진출하지 못하면 주가가 떨어질 것이라고 걱정하고 계시지 않습니까?"라고 말문을 열었다. 사장은 발걸음을 멈추더니 "무슨 해결책이 있습니까?"라고 물었다. 세일즈맨은 고개를 끄덕였고, 두 사람은 로비에 앉아 25분 동안 미팅을 가졌다.

그렇다. 불안감을 자극하는 질문은 이토록 효과가 강력하다.

필요할 때만 꺼내는 비장의 무기

판매 상황에서 불안감이란 대단히 강력한 도구이다. 처음 접촉을 시도할 때, 응답 전화를 걸어오게끔 만들 때, 실제 구매 행동을 이끌어 낼 때 등 어느 단계에든 적용 가능하다. 기본 개념은 잠재 고객이 구매 행동을 하지 않았을 경우의 부정적 영향을 생각하도록 만드는 것이다. 불안감을 자아내는 질문을 받은 고객이 최종 구매를 결심하기까지는 단 2초면 충분하다.

예를 들어 모든 설명을 다 듣고 최고의 제품이라는 점을 확신하는 잠재 고객, 게다가 개인적으로나 비즈니스적인 면에서나 그 제품이 꼭 필요한 잠재 고객이 있다고 하자. 그 고객은 주변에서 그 제품을 구입해 잘 사용하고 있는 동료의 추천까지 받은 상태이다. 그럼에도 그는 쉽사리 최종 결정을 내리지 못한다. 휴가철이 지나고 구입하겠다느니, 내년에 사는 것이 낫겠다느니 등등 반대 방향의 요소들을 끊임없이 끄집어낸다.

한 달 할당 판매액을 채워야 하는 세일즈맨이라면 바로 이런 상황에서 불안감을 자아내는 질문을 던질 수 있다. 핵심은 잠재 고객이 염려할 만한 부분을 정확히 짚어내는 것이다.

- 지금 구매하지 않을 경우 치러야 하는 비용은 무엇인가?
- 올해부터 비용 절감을 시작하지 않으면 어떤 일이 발생하는가?
- 비용 부문을 절감하지 않은 채 경영진이 목표로 하는 연간 35% 성장이 가능할 것인가?
- 현재의 수익이 낮은 이유는 과연 무엇일까?

잠재 고객의 입장이 되어보라. 누군가 당신에게 이런 질문을 던졌을 때 어떤 생각이 들 것 같은가? 잠재 고객은 바로 다음번 중역 회의에서 이런 주제로 발표를 해야 할지도 모른다. 비용 절감을 위해 지금까지 얼마나 애써왔는지 떠올리며 마침내 결심을 굳힐 수도 있다. 잠재 고객은 그 2초 동안 모든 가능성을 점검할 것이다.

불안감을 자아내는 질문은 상대를 자극해 행동을 이끌어내는 역할을 하지만, 너무 자주 사용해서는 안 된다. 필요할 때만 꺼내는 비장의 무기라는 점을 꼭 기억하라.

Note

줄리 토머스 Thomas, **밸류비전 어소시에이트**ValueVision Associates **대표**
이 글을 쓴 줄리 토머스는 미니컴퓨터 업계에서 16년 동안 세일즈를 담당하며 글로벌 시장 담당 부사장의 지위까지 오른 인물이다. 현재 컨설턴트이자 작가, 강연자로 활동하고 있다.

27 생각의 방향을 조종하라

어제 저녁식사는 맛있게 했는가? 아니, 이런 질문이 세일즈와 무슨 상관이 있나 싶은가? 그래도 잠시 여유를 갖고 질문에 답해보라. 이 질문을 읽었을 때 당신에게 무슨 일이 일어났는지 떠올려보라. 아마도 자기도 모르게 어제 저녁식사 자리의 모습을 그려보았을 것이다. 그리고 맛이 어땠는지 기억하면서 질문에 답을 했으리라.

자, 질문을 던짐으로써 나는 당신 생각의 방향을 조종할 수 있었다. 이것이 핵심이다. 당신은 내가 요구하는 것에 대해 생각했고, 내가 요구하는 방식으로 생각했다. 질문이 얼마나 중요한지, 또한 좋은 질문을 던지는 것이 얼마나 효과적인지 잘 보여주는 예이다. 적절한 시점에 제대로 구성된 질문은 그야말로 강력한 세일즈 도구가 된다. 좋은 질문의 효과는 다음과 같다.

거래를 성사시키는 '좋은' 질문

생각의 방향 잡기

좋은 질문을 통해 우리는 잠재 고객의 마음속에 들어가고, 그 생각의 방향을 조종할 수 있다. 질문을 받은 후 그 대답을 생각하지 않기란 거의 불가능한 것이 우리 인간의 심리이다. 타고난 성향인지, 훈련에 의한 것인지는 모르겠지만 말이다. 한번 시험을 해보자. 질문을 던질 테니 그 대답을 생각하지 않도록 해보라. 당신은 몇 살인가?

대다수의 평범한 유형이라면 어쩔 수 없이 답을 생각하고 말았을 것이다. 이제 당신의 제품/서비스의 구매 결정이 어디서 이루어지는지 살펴보라. 고객의 마음속이다. 따라서 고객의 마음이 움직이는 방향에 영향을 미칠 수 있도록 질문을 던져야 한다.

예를 들어 자동차 구입을 염두에 두고 있는데, 세일즈맨이 "어떤 점을 더 중요하게 생각하십니까? 좋은 연비인가요, 신속한 차량 인도인가요?"라고 물었다고 하자. 어쩌면 그 질문을 받기 전에는 그런 식으로 생각해본 적이 없었을지도 모른다.

이 경우 세일즈맨의 질문이 고객의 마음과 생각의 방향을 결정한 셈이다. 그 방향으로 생각이 이어져나가면 대화는 답변을 바탕으로 발전된다. 당신도 고객에게 질문을 던져 똑같은 효과를 노려보라. 고객의 마음과 생각이 당신이 원하는 방향으로 향하도록 하라.

거래를 위한 정보 수집하기

좋은 질문은 거래를 성사시키는 데 바탕이 될 정보를 수집하게 해준다. 묻지 않는다면 고객이 무엇을 생각하는지, 고객이 어떤 상황에 놓여 있는지 어떻게 알겠는가? 예를 들어 새로 나온 외과 수술용 장갑을 판매하는 세일즈맨은 우선 외과의사의 관심사를 찾아내고, 장갑의 특징을 그 관심사와 연결시켜야 한다.

이때 먼저 질문을 던지지 못할 경우, 오로지 가정을 바탕으로 고객의 필요와 관심을 추측해야 한다. 좋은 질문은 고객의 마음속을 들여다보게 하고, 거래에 필요한 정보를 제공한다. 이렇게 고객의 관심과 필요를 이해하기 위해 먼저 적절한 질문을 던진다면, 제품/서비스의 판매 실적이 급격히 올라갈 것이다.

관계를 형성하기

좋은 질문을 던지는 것은 상대와 상대의 문제를 배려하고 있다는 표시이기도 하다. 질문이 많을수록 상대가 느끼는 배려도 클 것이다. 호혜성의 원칙에 따라 당신이 고객에게 더 많은 관심을 가질수록 고객도 당신에게 관심을 보이게 된다.

모임이나 파티에 참석했을 때 나에 대해 계속 질문을 해오는 누군가를 만난 적이 있을 것이다. 아마 당신은 헤어지면서 그 누군가에 대해 '참 좋은 사람이군' 이라는 생각을 했으리라. 왜 그럴까? 그가 표현한 관심 때문이다. 질문은 바로 그런 인상을 남긴다. 고객에게 과하지 않은 범위 내에서 개인적인 질문을 던지는 것은 굳건한 관계를 형성하는 좋은 방법이기도 하다.

유능하다는 인상을 주기

고객은 당신의 말이 아니라 당신의 질문을 바탕으로 신뢰감을 형성하곤 한다. 가령 자동차에 문제가 생겼다고 하자. 당신이 정비업체에 가서 "차에서 이상한 소리가 납니다"라고 말했을 때 "알겠습니다. 여기 두고 가십시오. 5시에 찾으러 오시면 됩니다"라는 대답이 나온다면 어떨까? 딱히 신뢰가 가지는 않을 것이다.

반면 정비 기술자가 차에서 어떤 소리가 났는지, 자동차 앞쪽과 뒤쪽 중 어디에서 나는 소리인지, 금속성 소리인지, 가속 페달을 밟았을 때는 소리가 어떻게 되는지 등을 물어온다면 즉각 신뢰감이 생기게 된다.

모든 고객들은 당신이 유능한 사람이기를 기대한다. 명확하고 적절한 질문을 던지는 것만큼 신뢰감에 긍정적으로 작용하는 것도 없다.

Note

데이브 카일 Kahle, **세일즈 컨설턴트 겸 교육 전문가**
이 글을 쓴 데이브 카일은 세일즈 분야에서 화려한 경력을 갖고 있다. 또한 그는 교육학 석사 출신으로 교육에도 일가견이 있는 인물이다.

스스로를 하찮게
만들고 있지는 않은가

하찮은 대접을 받고 싶은 사람은 아무도 없다. 그런데도 많은 세일즈맨들은 하찮은 대접을 스스로 자청하고 있다. 모름지기 사람들과의 관계는 결국 나 자신이 만드는 것이다. 때문에 내가 남들에게 어떤 메시지를 보내고 있는지에 주목하지 않는다면 끝내 대가를 치르게 된다. 원치 않는 상황, 그러나 충분히 피할 수 있었던 상황과 맞닥뜨리게 되는 것이다.

다음 예를 보자. 홍보 전문 컨설턴트인 마리가 남편과 겪었던 일이다. 마리의 남편은 뒷마당에 지붕 씌우는 작업을 시작했다가 갑자기 중단했다. 마리는 난장판으로 방치된 뒷마당이 불만스러워서 작업을 끝내라고 했다. 남편이 미적거리자 마리는 평범한 부인들이라면 다 그렇듯 언제까지 끝내라는 시한을 주었다. 약속된 날짜가 지나가자 마리는 화를 내며 다시 새로운 시한을 제시했다. 두 번째 시한도 그냥 흘러갔다. 세 번째도 마찬가지였다.

자, 어떤가? 마리는 남편에게 아내가 정한 시한은 얼마든지 무시해도 좋다는 점을 가르친 꼴이 되었다. 물론 마리에게 그런 의도는 전혀 없었다. 하지만 의도하지 않은 결과가 나타났다는 점은 분명하다.

침묵은 곧 동의를 뜻한다

실제로 고객을 상대로 마리와 똑같은 실수를 반복하는 기업이나 세일즈맨은 무수히 많다. 할인 판매가 좋은 예이다. 가령 이달 말까지 주문을 하면 특별 할인가를 제공하는 경우를 살펴보자. 세일즈맨들은 "4월 30일까지 구매하실 경우에만 할인 혜택을 드릴 수 있습니다. 이후에는 정상가로 구입하셔야 합니다"라고 홍보한다.

하지만 5월 5일에 고객이 대량 주문 전화를 걸면서 할인을 요구하면 열에 아홉은 혜택을 주고 만다. 스스로 공표한 할인 기간을 무시해 버리는 이런 행동은 결국 고객들에게 언제든 싸게 살 수 있다는 점을 가르칠 뿐이다. 고객들은 요청만 하면 언제든 할인을 받을 수 있다고 생각할 것이다.

실제로 우리는 알게 모르게 주변 사람들에게 우리를 어떻게 대하면 좋을지 가르치고 있다. 어떤 행동을 하거나 하지 않음으로써, 당신은 어떤 메시지를 보내고 있는 것이다. 이를 제대로 확인하지 않는다면 종국에는 낭패를 볼 수가 있다.

가령 3시에 세일즈 프레젠테이션을 하기로 했는데 상대가 5시에나 나타났다고 하자. 이에 대해 당신은 아무 말 없이 프레젠테이션을 시작했다고 하자. 이때 당신은 당신과 한 시간 약속은 별 의미가 없는 것임을 가르친 셈이다. 이렇게 원치 않는 행동을 한 상대에게 침묵으로 대응하는 것은 내 생각과는 상관없이 얼마든지 그런 행동을 해도 좋다는 가르침이 되고 만다.

고객과의 관계에서도 마찬가지이다. 고객이 고함을 질렀는데도 아무 대꾸를 하지 않았다면, 그런 식의 행동이 적절하다고 인정하는 것이 되어버린다. 그 고객은 점점 더 자주 고함을 질러댈 가능성이 높다. 고객은 침묵을 곧 동의로 받아들일 테니 말이다. 세일즈맨은 갈등을 일으키고 싶지 않아 입을 다물지만, 결국 더 큰 갈등이 빚어지게 만든다. 즉 자신과 상대 모두가 진실을 부정하도록 만드는 것이다.

원하는 바를 분명하게 전달하기

또다른 예를 들어보자. 소프트웨어 회사에서 일하는 로라는 고객 회사 사이트에 새로운 소프트웨어를 적용하는 방식을 논의해야 했다. 양쪽 회사의 관계자 전원이 참여해 몇 주간 회의를 해야만 결과를 기대할 수 있었다.

그런데 회의를 할 때마다 지각하는 사람이 나왔다. 할 수 없이 로라는 모두가 도착할 때까지 기다려 회의를 시작했는데, 이로 인해 전체 회의 시간이 짧아지면서 제대로 논의가 이루어지지 못하는 상황이 벌어졌다. 더 나쁜 것은 회의 참석자들에게 늦게 와도 좋다고 가르친 꼴이 되어, 점점 더 많은 사람들이 지각하게 되었다는 점이었다.

로라는 어떻게 문제를 해결했을까? 첫째, 매번 회의가 늦게 시작되는 것은 자기 책임이라고 인정했다. 둘째, 앞으로는 제시간에 몇 명이 와 있든 정확하게 회의를 시작할 것이라고 약속했다. 셋째, 약속을 지켜 늘 제시간에 회의를 시작했다. 늦게 도착하는 사람은 이미 결정된 사항에 대해 이의를 제기할 수 없었고, 추가적인 설명도 요청할 수 없었다. 회의는 늘 정시에 시작된다는 점을 모두에게 가르친 것이다. 얼마 지나지 않아 전원이 회의 시작 시간에 모이게 되었다.

이제부터는 혹시라도 하찮은 대접을 받게 되었을 때 "내가 그렇게 주변 사람들을 가르쳤던 것은 아닐까?"라는 질문을 던져보라. 내가 나에 대하여 어떤 대접을 하도록 가르치고 있는지 깨닫는다면 어려운 상황에서 한층 효과적인 통제력을 발휘할 수 있고, 세일즈의 성공률도 높아질 것이다.

Note

콜린 프랜시스 Francis, **인게이지 셀링 솔루션**Engage Selling Solutions **사 대표**
15년 동안 보험 영업과 기술 영업이라는 험난한 영역에서 풍부한 경험을 쌓은 콜린 프랜시스는 연 평균 50% 매출 성장이라는 기록을 보유하고 있다. 이 글에서는 세일즈맨 스스로가 고객의 하찮은 대접을 자청하게끔 하는 상황을 어떻게 극복할지 설명하고 있다.

29 세일즈에 급급하지 말고
대화를 시작하라!

야구 경기에서 투수는 심판의 신호가 나올 때까지 공을 던지지 않는다. 학교에서 학생들은 감독관 선생님이 시작하라고 할 때까지 시험 문제를 풀지 않는다. 신호등 앞에서 운전자들은 붉은색 신호가 초록색으로 바뀔 때까지 출발하지 않고 기다린다.

세일즈라고 다를 것이 있겠는가? 그럼에도 잠재 고객을 처음 만났을 때 우리는 우리의 멋진 제품과 서비스에 대해 당장 설명하지 않고는 못 견딘다. "자, 어서 당신의 제품에 대해 말해봐요"라는 말을 듣기라도 한 것처럼 떠벌이기 시작하는 것이다. 상대는 전혀 그런 부탁을 하지 않았는데……. 잠재 고객이 초록색 신호를 주지 않았는데도 그렇게 떠들어대는 이유는 무엇일까? 왜 먼저 상대방에 대해 묻지 않는 것일까?

고객의 문제를 해결하는 방법

전통적인 세일즈 훈련법에서는 잠재 고객이 조금이라도 관심을 보이는 순간 적극적인 세일즈를 시작하라고 되어 있다. 그리고 이를 바탕으로 '말하기'를 훈련시키는 데 많은 시간을 할애한다. 물론 세일즈맨이 제품/서비스에 대해 모든 것을 다 알아야 하는 것은 당연하다. 판매하는 제품에 자부심을 가져야 하고, 어째서 그 제품이 모두에게 필요한지 열정적으로 말할 수 있어야 한다.

하지만 잠재 고객이 미처 관심도 보이기 전에 그런 얘기를 일방적으로 풀어놓는다면, '또다시 세일즈군. 자기한테 할당된 물건을 팔기 위해 안달을 하는 거야'라는 부정적인 생각을 유발할 뿐이다. 이렇게 되면 잠재 고객은 즉각 경계하는 태도를 보인다. 결과는 당신이 거부당하거나, 아니면 고객이 불쾌해지거나 둘 중 하나이다.

이런 전통적인 세일즈 방식은 문제만 일으킨다. 이렇게 일방적이고 강압적인 세일즈맨이라는 부정적인 이미지와 거리를 두려면 부단한 노력이 필요하다. 분명히 말하지만 신뢰감이 형성되기 전에 제품 이야기를 꺼냈다가는 강압적으로 받아들여지고, 잠재 고객은 당신과 당신의 제품을 외면하기 십상이다.

해결책은 무엇일까? 당신의 마음자세를 바꾸는 것이다. 제품 지식에만 의존해 잠재 고객의 관심을 끌려 하지 말고 잠재 고객이 어떤 문제를 해결하고 싶어 하는지, 그 문제를 해결하는 데 당신이 참여할 수 있는지 등을 먼저 화제에 올리는 것이다. 이런 변화를 위해서는 다음과 같은 원칙이 필요하다.

- 세일즈를 본격적으로 시작하기에 앞서 고객이 당면해 있고 해결해야 할 문제가 무엇인지 규명하라.
- 기존의 다른 고객이 왜 당신의 제품/서비스를 구입했는지 이유를 분석하고, 이를 신규 잠재 고객과의 대화에 활용하라.
- 해결해야 할 문제가 있고, 해결을 위한 자금이 갖춰진 상태라는 점이 확인되기 전까지는 당신의 제품/서비스가 도움이 될지 알 수 없다는 점을 잠재 고객에게 납득시켜라.

잠재 고객이 "제품 설명을 해주세요"라고 말했다 해도 신중하게 행동하라. 예컨대 "서로를 충분히 이해하기 전에 제품 설명을 시작했다가는 역효과가 날지 모르겠군요"라고 말하는 것은 어떨까? 세일즈는 당신의 해결책을 제시하는 것이 아닌, 고객의 문제를 해결하기 위한 방법이라는 것을 다시 한 번 기억하라. 너무 서두르지 말라.

Note

아리 갤퍼Galper, 세일즈 전략 개발 전문가
세일즈맨으로 일하던 시절, 갤퍼는 화상 회의를 마치고 종료 버튼을 누른다는 것을 잘못하여 묵음 버튼을 누른 적이 있다. 덕분에 "최종적으로는 여기랑 거래하기 어렵겠군", "그래도 회의는 몇 번 더 하자고. 다른 회사랑 더 유리한 조건으로 거래하기 위한 정보가 필요하니까"와 같은 상대편의 말을 엿듣게 되었다. 성공적이라고 생각했던 회의가 실은 전혀 그렇지 못했다는 데 충격을 받은 갤퍼는 그 때까지의 세일즈 방식을 반성하고 전략 개발에 집중하기 시작했다고 한다.

사람을 읽는 기술 ㉚

최고의 세일즈맨은 세일즈 과정에서 비언어적 의사소통 능력이 얼마나 중요한지 잘 안다. '눈으로 읽는 법'을 깨달았다고 할까? 가장 쉽고 효율적으로 거래를 성사시키려면 잠재 고객의 '구매 신호'를 제때 포착할 줄 알아야 한다.

몸짓 언어가 우리의 깊숙한 감정과 감춰진 생각을 얼마나 잘 드러내주는지 아는가? 몸짓 언어란 동작, 자세, 그리고 목소리를 통칭한다. 실제로 우리 대화의 70%가 비언어적으로 이루어지며, 이러한 비언어적 의사소통은 언어에 비해 훨씬 큰 영향력을 가진다고 한다. 따라서 잠재 고객의 말이 몸짓 언어와 일치하지 않는다면, 오히려 몸짓 언어가 더 정확한 신호일 가능성이 크다.

몸짓 언어를 주시하라

긍정적인 첫인상은 절대적으로 중요하다. 우리는 불과 몇 초 만에 누군가를 좋아할지 말지 결정하게 되기 때문이다. 몸짓 언어를 통해 좋은 첫인상을 남기고 공감도 형성해보는 것은 어떤가. 예컨대 다음과 같이 말이다.

- 눈을 맞추며 미소 짓는 데 더해 손바닥을 내보여라. 반면 팔짱을 끼거나 다리를 꼬는 것은 금물이다.
- 잠재 고객의 몸짓 언어를 흉내내라. 이는 당신이 상대를 좋아하고 따라간다는 의지를 전달해준다.

여러 사람이 모이는 자리에 가게 되면 얼마나 많은 사람들이 무의식적으로 서로의 몸짓을 따라하는지 관찰해볼 수 있을 것이다. 서로 의견이 다르고 대립적인 사람들이라면 어느새 무의식적으로 상대와 다른 몸짓을 할 것이다.

만난 지 첫 10분 동안 잠재 고객의 몸짓 언어를 따라하면 어렵지 않게 신뢰와 공감을 형성하게 된다. 상대가 팔짱을 끼었다면 당신도 슬쩍 팔짱을 끼라. 그리고 어느 정도 시간이 지났다 싶으면 팔짱을 풀고 잠재 고객을 관찰해보라. 관계 형성이 성공적이었다면 상대도 어느새 팔짱을 풀 것이다.

이렇게 잠재 고객도 당신의 몸짓 언어를 따라한다면 제대로 된 것이다. 하지만 그렇지 않다면 아직 갈 길이 머니 좀더 상대의 몸짓 언어를 따라할 필요가 있다. 몸짓은 상황과 맥락 안에서 복합적으로 평가해야 할 대상이다. 몇 가지 중요한 몸짓 언어를 정리해보자.

자세는 크게 두 가지 기준으로 나뉜다. '개방형/폐쇄형', '내밀기/뒤로 빠지기'가 그것이다. 개방형 자세에서는 팔짱이나 다리 꼬기가 없고, 손바닥이 노출된다. 폐쇄형 자세의 경우 팔짱을 끼고 다리를 꼬며, 몸의 다른 방향을 향하게 된다.

자세

- 뒤로 기댄 폐쇄형 자세 = 무관심
- 뒤로 기댄 개방형 자세 = 사색, 조심스러운 관심
- 앞으로 내민 폐쇄형 자세 = 잠재적인 공격성
- 앞으로 내민 개방형 자세 = 관심과 동의

머리 위치

- 가운데 = 중립적이고 열린 자세
- 뒤로 젖힘 = 고압적 태도
- 앞으로 숙임 = 부정적이고 평가하려는 태도
- 옆으로 기울임 = 관심

얼굴에서 나타나는 몸짓

- 눈 비비기 = 속임수
- 눈 굴리기 = 상대를 묵살하는 오만함
- 안경 위쪽을 올려다보기 = 꼼꼼한 검토와 비판적 태도

- 코 비비기 = 주제가 마음에 들지 않음
- 손이나 손가락으로 입 주변 두드리기 = 속임수
- 뺨 두드리기 = 의사결정을 내리는 중
- 엄지손가락을 턱 아래에 괴고 둘째손가락은 펼쳐서 뺨에 대기 = 부정적인 태도와 비판적 판단

전문 세일즈맨으로서 당신은 계속 잠재 고객의 몸짓 언어를 관찰하고, 그에 따라 프레젠테이션 내용이나 방식을 조정해야 한다. 물론 목표는 이를 통해 세일즈 성공률을 높이는 것이다!

행동 계획

기본적인 몸짓 언어에 대한 설명을 여러 번 읽고 다음번 세일즈를 준비하자. 먼저 가족이나 친구, 동료를 상대로 몸짓 언어 흉내 내기를 연습하라. 고객과 만났을 때는 상대가 가장 많이 취하는 자세 세 가지가 무엇인지 규명해보라. 또 당신이 가장 많이 취하는 몸짓이 무엇인지, 그런 몸짓이 부정적이거나 자신 없는 느낌을 주지는 않는지 확인하라. 몸짓 언어를 읽는 데 익숙해지면 곧 그 효과를 실감할 것이다.

Note

존 보우Boe, 존 보우 인터내셔널 사 사장
존 보우는 몸짓과 표정, 말하는 방식에 이르기까지 사람을 읽는 전문가이다. 이 글에서는 상대의 신호를 파악하고 공감을 형성하는 방법에 대해 설명하고 있다.

세일즈라는 정글에서
똑똑하게 살아남기

세상을 흔히 정글로 비유한다. 세일즈맨에게는 특히 와 닿는 비유라 하지 않을 수 없다. 세일즈맨들은 정글 속 동물들만큼이나 각양각색의 다양한 고객을 상대해야 하기 때문이다. 세일즈맨은 거래의 성사라는 목표를 향해 **빽빽한** 풀숲을 헤쳐가는 과정에서 상황 통제력과 침착성을 잃지 말아야 한다. 지금부터는 세일즈 정글에서 만나게 되는 고객의 유형과 대처법을 소개해볼 것이다.

고객의 유형 & 대처법

원숭이

시끄럽고 배려심이 없는 고객이다. 쉽게 흥분하고 사실을 잘못 파악하기 일쑤며, 프레젠테이션 방향을 엉뚱하게 바꾸기도 한다. 이런 유형 앞에서는 최대한 인내심을 발휘해 예의 바른 태도를 유지해야 한다. 정면으로 반박하는 행동은 금물이다. 상대의 기묘한 행동을 무시하고 프레젠테이션을 계속하라. 평정심을 잃어서는 안 된다! 당신이 좀처럼 흔들리지 않는다는 걸 알면 상대도 조용해질 것이다.

나무늘보

보고 있기가 고통스러울 정도로 느리게 생각하며 천천히 움직이는 유형이다. 이런 고객에게는 천천히, 분명히 말해야 한다. 한 번에 한 가지 내용만 전달하라. 복잡한 세부 설명으로 혼란을 야기하지 말라. 일단 납득이 되고 나면 구매 결정을 내릴 확률이 누구보다도 높은 것도 나무늘보 유형의 특징이다.

까치

가장 말이 많은 유형이다. 쉴 새 없이 떠들면서 자기가 무슨 얘기를 하고 있었는지 잊어버리는 일도 흔하다. 이들은 가족사, 휴가 계획, 대학시절 추억 등으로 화제를 확장시키곤 한다. 이런 고객 앞에서는 인내심을 가지고 자신을 잘 통제하라. 기회를 잘 살펴 상대를 본론으로 다시 이끌어야 한다. 비즈니스 관련 대화를 주도하며 메시지를 전달하라.

게

삶에 쉽게 지치고 신경질적이며 투덜거리는 유형이다. 걸핏하면 반론을 내세우곤 한다. 이런 고객 앞에서는 목소리를 작고 부드럽게 하

라. 이해와 공감을 나타내는 다정한 미소도 필수적이다.

공작

고상한 척하고 싶어 하는 공작 유형은 꼬리 깃을 활짝 펼치고 세일즈맨과 세일즈맨의 제품을 내려다본다. 거만한 말을 내뱉을 때도 많다. 최대한 상대의 오만함을 염두에 두지 않도록 노력하며 즐겁게 프레젠테이션을 진행하라.

고양이

가장 의심이 많은 유형이다. 프레젠테이션의 신뢰도나 정확성에 의문을 던지고 구체적인 증빙 자료를 요구한다. 침착하게 대처한다면 충분한 보상을 기대할 수 있다. 제품의 가치를 비웃거나 당신을 거짓말쟁이 취급하는 무례한 반응이 나오더라도 주눅 들거나 분노하지 말라.

수탉

똑똑한 척하면서 인내심은 전혀 없는 유형이다. '하찮은' 세일즈맨 따위와 협상할 필요 없다는 듯 스스로 당당하게 결정을 내리고 싶어한다. 이런 유형에게는 유머 감각을 발휘하면서 상대를 존중하는 모습을 보여라.

도도

머리가 나쁘고 주의를 집중할 수 있는 시간도 짧은 유형이다. 프레젠테이션이 다 끝났는데도 제품이 무엇인지 제대로 이해하지 못하더라도 놀라지 말라. 처음부터 다시 설명하는 수고는 아마 필요 없을 것이다. 이런 유형의 고객은 어차피 최종 결정권을 갖지 못할 테니 말이다. 최종 결정권자가 누군지 알아보라.

쥐

자기 마음조차 제대로 알지 못하는 우유부단한 유형이다. 이런 고객 앞에서는 자신 있는 태도로 사실 정보를 명료하게 제공해야 한다. 상대에게 무엇이 필요한지를 전략적으로 이해시키고 나면 구매 결정이 쉬워진다.

까마귀

제품의 특징이나 장점보다는 가격을 낮추는 데만 관심 있는 유형이다. "너무 비싸요!"라는 말을 반복하기 일쑤이다. 증빙 자료를 통해 가격을 납득시키는 데 집중하도록 하라.

비버

경청하지 못하고 분주히 움직이는 유형이다. 열심히 프레젠테이션을 하고 있는 당신 앞에서 휴대 전화로 통화를 하고 업무를 지시하며 짬짬이 손목시계를 들여다본다.

이런 유형의 고객을 만났다면 시각자료가 풍부하고 흥미진진한 프레젠테이션을 준비하라. 신속하게 핵심 메시지를 전달하라. 거래 합의가 되면 어디에 서명을 해야 하는지 손가락으로 가리켜 보여주라. 그래야 다시 분주한 비버의 생활로 돌아갈 수 있을 테니까.

이렇듯 세일즈 세계라는 정글은 온갖 동물로 가득 차 있다. 각 동물의 습관과 행태를 분석하고 거기에 맞게 대처하라. 그러면 회의감에 빠지지 않고 평정심을 유지하면서 더 많은 거래를 성사시킬 수 있을 것이다.

Note

마이클 달튼 존슨, 세일즈독SalesDog.com 대표
미국 최고의 세일즈맨들의 생생한 경험과 노하우를 담아 이 책을 엮은 마이클 달튼 존슨은 세일즈 교육 전문 사이트 세일즈독의 대표이다. 30년 이상 비즈니스 활동을 하면서 많은 성공 사례를 남긴 인물이다. 작은 출판사를 인수해 직원 세 명 규모에서 수백 명 규모로 키워낸 것도 그 좋은 예이다.

32 기술 전문가에게 세일즈하는 법

많은 세일즈맨들이 정보 통신 전문가나 엔지니어를 상대하는 일이 어렵다고 생각한다. 그런 부류의 잠재 고객들이 특별히 괴상한 사람들이기 때문은 아니다. 문제는 세일즈맨이 기술 전문가의 요구와 특징을 간파하지 못하고 있다는 데 있다. 그 결과 자기도 모르는 사이에 거래를 망쳐버릴 결정적인 실수를 저지르고, 영원히 관계가 단절되고 만다.

나 역시 숙련된 엔지니어로 오랫동안 일해왔다. 그런 만큼 기술 전문가인 동료들이 세일즈맨을 만났을 때 어떤 생각을 하고, 어떻게 의사결정을 내리는지 알고 있다. 이러한 개인적인 경험과 지식을 바탕으로, 그리고 세일즈 심리 모델인 갤러거Gallagher 박사의 '마인드맵' 과 스탠퍼드 연구소의 '발스VALS' 의 도움을 받아 기술 전문가들이 의사소통하는 방법, 설득 당하는 방식 등을 정리해보았다. 현장에서 뛰는 영업인들에게 유용한 정보가 되길 바란다.

모름지기 사람마다 행동 방식이 다양한 법이고, 모든 기술 전문가가 다 똑같지는 않을 것이다. 하지만 지금부터 전하는 나의 이야기가 핵심적인 구매 유형을 파악하는 데는 충분히 유용할 것이라 본다.

'권위' 혹은 '사회 인식' 유형 이해하기

마인드맵 모델에 따르면 기술 전문가들은 대개 동일한 심리 유형에 속해 있다. 바로 '권위' 유형이다. 이 유형의 사람들은 규칙에 따라 움직이고, 올바르게 행동하려는 의무감이 강하다.(이는 타고난 성향에다 교육이나 훈련이 덧붙여진 결과라고 생각한다.)

이들은 이렇게 상황을 통제하려는 마음이 크지만, 존경하는 사람에게라면 기꺼이 통제권을 양보하기도 한다. 그리고 데이터, 숫자, 관찰 가능한 사실 등을 인간관계보다 더 편안하게 느낀다. 때로는 그저 재미로 논쟁을 벌이기도 한다.

권위 유형은 세일즈맨을 무턱대고 싫어하고 불신하는 경향이 있다. 결정을 내리기 전에 어마어마한 양의 데이터를 요구하고, 때로 그 데이터를 일일이 분석하느라 지쳐버리기도 한다. 그들은 자신의 통제하에 있지 않은 세일즈맨에 의존하기보다는 상세한 자료를 선호한다. 말로 내뱉든 아니든 간에 언제나 가장 궁금해 하는 것은 '규명된 사실이 무엇인가'이다. 나름의 기준을 가지고 싶어 하고, 특정 기준을 사용하지 않는다면 상세하고 타당한 이유를 댈 수 있다.

VALS 모델에서 엔지니어들은 사회 인식Societally Conscious 유형에 속한다. 사회 인식 유형은 올바른 일을 하려는 욕구가 강하고, 이 때문에 때로 우스꽝스럽게 보이기도 한다. 남의 손에 조종당하는 것을 두려워해 그런 기미가 조금이라도 보이면 거부한다. 따라서 세일즈맨이 조종을 시도한다면, 그것으로 끝이다. 사회 인식 유형은 다른 사람이 무슨 생각을 하는지 신경을 쓰지 않는다. 자신의 기준과 원칙이 분명하기 때문이다.

자, 이런 기술 전문가들에게 세일즈하기 가장 좋은 방법은 무엇일까? 몇 가지 원칙을 제시해보자.

상대의 규칙에 맞춰라

기술 전문가들은 권위에 의거한 규칙을 선호하고, 이에 따라 올바르게 행동하려 한다. 또한 가능하다면 언제나 기준을 세우려 한다. 이런 요구를 존중해 잠재 고객에게 업계 전문가들이 어떻게 당신의 제품을 선택했는지 보여주라. 통계 수치 자료도 잊지 말고 제시하라.

누구의 의견을 중시하는지 파악하라

구매 결정은 다른 사람과의 논의를 거치기 마련이다. 경험 많은 디자이너들에게 견해를 묻기도 하고, 성공담이 실린 잡지 기사를 참고하기도 한다. 논리적으로 설명을 해내는 세일즈맨도 영향력을 행사할 수 있다.

당신의 제품이 업계 표준이라는 점을 증명하라

만족한 고객들, 업계 선두 주자들의 발언을 증거로 제시하라.

스스로 전문가가 되어라

제품이 시장에서 환영받으며 사용되고 있다는 글이 언론에 실리게 하라. 정기적으로 우편물을 보내 당신의 제품이 업계의 표준이 되고 있다는 믿음을 갖도록 하라. 표준이란 구매자의 마음속 문제일 뿐이라는 점을 기억하라.

혜택을 구체화하라

당신의 제품/서비스가 기술 전문가의 현업에 어떻게 들어맞는지 보여주라. 긴박감을 느끼지 못한다면 익숙한 상황을 바꿀 생각을 하지 않을 것이다. 어떻게 더 편해질 수 있는지를 구체적으로 드러내야 한다.

절대 조종하려 들지 말라

조종의 냄새를 조금이라도 풍기는 것은 아예 입에 올리지 말라. 기술 전문가들은 스스로 판단해 결론을 내리고 싶어 한다.

필요하다고 하는 데이터는 모두 제공하라

상세한 표 자료, 참고 사항 목록 등을 준비하라. 결론을 내리는 데 도움이 될 단계별 가이드 자료를 만들어도 좋다. 효과를 극대화하려면 그들의 독자적인 의사소통 스타일을 반영하여 데이터를 제공하도록 하라.

마지막으로 한마디 더 하자면, 기술 전문가들이 의사결정에서 얻을 수 있는 보상을 계산하도록 하는 것이 좋다. 돈과 시간을 아끼려는 것은 인지상정이지만, 기술 전문가들은 특히 보상이 무엇인지 따진다. 이러한 몇 가지 원칙을 지킨다면 기술 전문가들도 다른 잠재 고객이나 다름없이 어렵지 않게 대할 수 있을 것이다.

Note

마크 스미스, 아웃소스 채널 이그제큐티브 Outsource Channel Executives **대표**
마크 스미스는 전기 기술 전문가로, 하이테크 세일즈 분야에서 20년 동안 일했다. 현재 그는 엔지니어, 컴퓨터 프로그래머, 하드웨어 세일즈맨, 소프트웨어 마케터 등으로 전천후 역할을 하며 회사를 운영하고 있다.

33 무관심을 어떻게 다룰 것인가

세일즈맨들은 늘 호적수와 경쟁을 벌이고 있다. 상대는 막강한 자본력을 앞세운 다국적 거대 기업일 수도 있고, 확고한 단골 고객층을 거느린 특화된 소형 기업일 수도 있다.

이와 함께 현실 속에서 세일즈맨을 끊임없이 괴롭혀온 보이지 않는 경쟁자가 있다. 바로 고객의 무관심한 태도이다. '보이지 않는 상대와는 싸울 수 없다' 라는 말이 있듯, 고객의 무관심한 태도는 드러나 보이지 않기 때문에 싸워 이기기가 무척 어렵다. 하지만 그 태도를 물리치지 못한다면 거래의 성공은 기대할 수 없다.

무관심은 심리적인 문제, 신념의 문제이다. 고객 마음속에 깊이 뿌리박힌 관점을 바꿔야만 비로소 세일즈가 가능하다. 그러니 우수한 경쟁 제품을 내세우는 다른 세일즈맨과 맞서 싸우는 것보다 고객 마음속의 판도를 바꾸는 것은 훨씬 더 어려울 수밖에 없다.

무관심은 논리가 아닌, 인식이 좌우하는 영역이다. 고객의 무관심을 만드는 인식 요소는 다음과 같다.

- 기존 제품의 친숙함
- 경쟁 제품이 만족스럽다는 착각
- 추가 구매의 필요성 인식 부족
- 당신의 제품/서비스만이 갖고 있는 혜택을 인식하지 못했다.

이와 함께 다른 무엇보다도 자주 나타나는 요인으로 '현재 상태에 대한 만족'도 있다. 늘 구매해오던 제품을 늘 구매하던 식으로 계속 구매하겠다는 태도이다. 그 밑에는 당신의 제품이 기존에 사용하던 제품에 비해 별다른 차이나 가치를 갖지 못할 것이라는 생각이 깔려 있다.

자, 그렇다면 무관심이라는 만만치 않은 경쟁 상대를 어떻게 물리치고 성공할 수 있을까? 먼저 잠재 고객의 현재 비즈니스 관행을 철저히 분석한 후 전략적으로 접근해야 한다. 요컨대 기존에 인식하지 못했던 필요나 수요를 드러내 잠재 고객의 불안감을 자극하고, 그에 맞는 해결 방법을 제시함으로써 무관심을 타파할 수 있다. 변화의 동기를 제공해야 하므로 심리적인 측면을 반드시 고려해야 한다.

변화의 동기를 만들어내라

무관심과 맞서려면 우선 고객의 무관심한 태도를 인정해야 한다.

그리고 다음으로는 고객의 필요를 파악하기 위한 질문을 할 수 있도록 허락받아라. 질문 전략을 통해 고객이 당신의 제품을 통해 지금 당면해 있는 문제와 필요를 해결할 수 있음을 인식하도록 만들어야 한다.

제대로 된 질문은 미처 깨닫지 못해온 숨은 문제, 잘못된 해결책 때문에 오랫동안 받아왔던 고통을 일거에 드러낼 것이다. 또한 제대로 된 질문은 고객의 핵심 비즈니스가 무엇인지, 현재 고객이 계획하는 새로운 비즈니스 전략은 무엇인지도 보여준다. 고객이 어떤 틈새 시장에서 어떤 경쟁 압력에 시달리고 있으며, 이를 도울 방법이 무엇인지도 규명하게끔 해준다. 고객이 처한 경쟁 상황, 주된 경쟁 상대, 시장 점유율 변동 상황 등도 평가 가능하다.

무관심을 극복하기 위한 질문 전략은 잠재 고객의 현재 거래 상대에 대한 정보도 제공한다. 고객이 그 거래 상대를 얼마나 만족스럽게 여기는지 평가함으로써 개선이 필요한 부분을 밝혀낼 수 있는 것이다. 전략적 질문을 통해 고객의 비즈니스 목표가 드러나면, 당신의 제품/서비스를 그 목표에 맞춰 조정할 수도 있다. 이를 바탕으로 정확히 고객의 요구와 필요에 초점을 맞춘 세일즈가 가능해진다.

고객이 스스로 만족하는 부분과 불만족스러운 부분을 인식하고 나면 변화의 동기가 부여된다. 이때부터는 적절한 시점에 행동하지 않을 경우 어떤 비용이 발생하는지 깨닫도록 해야 한다. 그러면 무관심이라는 장벽은 깨질 수밖에 없다. 이렇게 고객의 무관심 상태를 인식하고, 세일즈에 앞서 적절하고도 치밀한 전략을 동원하여 성공률을 높이는 것이다. 그러나 고객의 무관심은 당장 깨질 수도 있지만 오랜 시간이 필요한 경우도 있음을 명심할 필요가 있다.

무관심과 맞서기 위한 질문은 잠재 고객의 필요를 이해하고 해결책을 유도하는 것이어야 한다. 몇 가지 예를 들어보자.

- 현재 상황이나 성과에 대해 어떻게 평가하십니까?
- 1년, 3년, 5년 목표를 제대로 달성하는 중이십니까?
- 발전에 장애가 되는 경쟁자가 있습니까? 그 경쟁자는 비즈니스에 어떤 영향을 미치고 있습니까? 신규 고객 확보나 기존 고객 유지에 미치는 영향은 무엇입니까? 생산성이나 제품 품질, 현금 흐름과는 어떤 관계가 있습니까?

효과적인 질문 전략이란 반드시 열린 질문만을 뜻하는 것이 아니다. 비즈니스 정보를 얻으면서도 고객에게 미처 몰랐던 문제를 인식하도록 하고, 문제 해결이 지연될 경우 발생할 비용도 파악하게끔 잘 구성되어야 한다. 당신의 제품이 좋은 해결책임을 깨닫게 하는 질문도 당연히 포함시켜야 한다.

무관심은 강력한 경쟁자가 분명하다. 하지만 당신이 제대로 질문만 던질 수 있다면 고객의 무관심은 당신의 제품/서비스에 대한 열정으로 금방 전환될 것이다.

Note

조 헬러 Heller, **트러스트 사이클 셀링**Trust Cycle Selling **사 설립자 겸 대표**
조 헬러는 세일즈 관리와 컨설팅 서비스를 통해 고객 기업들에게 20억이 넘는 매출 실적을 안겨준 유능한 세일즈맨이다.

입구에서부터 쫓겨나는 상황인가? ㉞

사전 약속 없이 잠재 고객의 사무실을 방문하려 할 때 어떤 일이 일어났는가? 의사결정자와 약속을 잡을 수 있었는가? 아니면 흔히 그렇듯 경비원이 앞을 가로막고 손가락으로 출구를 가리켰는가?

경비원 앞을 무사히 지나 안으로 들어가는 일은 세일즈 과정에서 가장 중요한 단계 중 하나이다. 의사결정자를 만나지 못하면 세일즈 자체가 불가능한 법이니 말이다. 하지만 대부분의 세일즈맨들은 그 상황에서 어떻게 대처해야 할지 모른다.

문제는 크게 두 가지이다. 첫째, 세일즈맨들은 경비원을 조력자이기보다는 적으로 인식한다. 그리하여 친구가 되지 못하고 무조건 전투를 하려 든다. 둘째, 세일즈맨들은 경비원이 만나는 다른 세일즈맨과 자신을 차별화하려는 노력을 하지 않는다. 마지막으로 세일즈맨들은 경비원이 자신을 도와줄 만한 이유를 만들지 못한다.

그렇다면 이제 경비원에게서 냉대가 아닌 환대를 받기 위해 다음과 같이 접근해보는 것이 어떨까?

- 경비원 역시 당신과 다름없는 사람이라는 점을 인식하라. 경비원을 사람으로서가 아니라 그저 생명 없는 장애물로 대하는 세일즈맨이 너무도 많다.
- 경비원에게 얼마나 막중한 책무가 주어져 있는지 이해하라. 제대로 준비도 안 된 풋내기 세일즈맨을 안으로 들여보냈다가는 상사의 호통을 면치 못할 것이다.
- 경비원 또한 회사가 새로운 제품이나 서비스를 통해 비용을 절감시키는 데 관심이 많다는 점을 인식하라. 가치를 제대로 보여준다면 경비원 앞을 통과해 안으로 들어갈 수 있다.

인간관계의 기본 기술

경비원의 입장에서부터 출발해보자. 대개의 경비원들은 강압적이거나 공격적인 세일즈맨을 싫어한다. 말이 너무 많은 세일즈맨도 좋아하지 않는다. 자신을 투명인간이나 하인 취급하는 세일즈맨이라면 더더욱 질색이다.

이제 인간관계의 기본 기술을 기억할 차례이다. 공손하게 행동하는 사람에게는 대부분의 사람들이 대답을 해준다. 부드럽게 말하는 사람도 대답을 들을 확률이 높다. 질문, 특히 조언을 청하는 종류의 질문도 환영받는다. 여기에 유머 감각까지 발휘할 수 있다면 금상첨화이다.

마지막으로 과업의 성격을 규명하도록 하자. 약속 없이 누군가를 만나러 가는 일이 일상적으로, 혹은 자주 일어난다면 이는 반복적인 과업이다. 세일즈를 하는 사람은 모든 과업을 사전에 준비해야 하지만 반복적인 과업이라면 특히 그렇다. 경비원에게 접근하는 방법은 아주 많다. 그러므로 자기의 방법이 마음에 들지 않거나 번번이 실패한다면 다른 방법을 시도해보아야 한다. 중요한 것은 다른 세일즈맨들과는 차별화되어야 한다는 점이다.

먼저 출입구를 열 때는 미소를 지어라. 부드러운 말투로 자기를 소개하라. "안녕하세요? 저는 ABC 프로덕트 사에서 온 마이클 잭슨이라고 합니다." 이어 "도움을 좀 받고 싶은데요"라고 말한 뒤 침묵하라. 그럼 경비원은 "어떻게 도와달라는 거지요?"라고 되물을 것이다. 그때 "잭 니콜슨 씨를 잠깐 만나 뵙고 싶은데 어떻게 하면 좋을까 해서요"라고 대답하라. 경비원이 "사전에 약속을 하고 와야 합니다"라고 말한다면 "어느 분과 연락해 약속을 잡아야 하지요?"라고 물어보라.

이쯤 되면 경비원이 "무슨 일인데요?"라고 물어올 가능성이 높다. 바로 그 순간을 놓치지 말고 미리 준비해둔 30초짜리 대사를 해야 한다. 당신이 무슨 일을 하는지, 어떤 가치를 판매하는지 말이다. 엘리베이터가 1층에서 15층에 올라가는 시간보다 말이 길어진다 싶으면 줄여라.

말을 끝낸 후 "잭 니콜슨 씨가 저희와 거래하는 데 관심이 있으실지 잘 모르겠습니다"라고 하고, 잠시 기다렸다가 이렇게 덧붙여라. "한 5분만 뵐 수 있다면 잭 니콜슨 씨에게 그 점을 확인해보고 싶군요. 관심이 없다고 하시면 바로 나오겠습니다." 자, 이렇게 되면 경비원에게는 위험할 것이 없다. 안 되면 5분 만에 나오겠다고 하니 말이다.

시간을 두고 위 사례를 다시 읽어보라. 큰 소리로 읽어라. 세일즈맨은 무례한 골칫덩이라는 인식은 기계적으로 행동하는 서툰 세일즈맨들 때문이다. 그런 세일즈맨과 당신은 다른 사람이라는 것을 보여주라. 당신과 경비원 사이에 본격적인 대화가 오가기 시작하면 경비원은 어느새 당신을 배척하기보다는 도우려 할 것이다.

이제부터는 불도저처럼 밀고 들어가려는 마음을 버려라. 대신 부드럽게 도움을 요청하라. 5분이면 충분하다고 말하라. 이렇게 경비원과 관계를 맺기 시작하면 문 앞에서 쫓겨나는 일이 훨씬 줄어들 것이다.

Note

짐 마이젠하이머Meisenheimer, 〈녹아웃 셀링 팁스 뉴스레터Knockout Selling Tips Newsletter〉 발행인

짐 마이젠하이머는 베트남전에 참전한 미군 장교 출신으로 이후 백스터Baxter 사의 영업 및 마케팅 담당 부사장으로 오랫동안 일했다.

이성을 상대하느라
돌아버릴 지경인가?

　여성은 금성에서, 그리고 남성은 화성에서 왔다고 믿건 아니건 간에 성별에 따른 차이는 분명 의사소통에 큰 영향을 미치고 있다. 남성과 여성의 의사소통 방식은 완전히 다르다. 이 중에서 무엇이 좋고 나쁜지는 알 수 없다. 다만 세일즈맨 입장에서 분명한 것은, 성별에 따른 의사소통 방식의 차이를 제대로 이해하고 적응해야 효과적으로 이야기를 나눌 수 있다는 것이다.

　남녀의 의사소통 방식에 대해 책 《남자를 토라지게 하는 말, 여자를 화나게 하는 말You just don't understand》을 펴낸 데보라 태넌Tannen에 따르면 남성은 자율성을 유지하기 위해 의사소통하고, 여성은 친밀감을 유지하기 위해 의사소통한다고 한다. 남성은 집단 내에서 지위를 형성하거나 위계를 유지하는 데 초점을 맞추고, 여성은 연대감을 형성하거나 감정을 표현하기 위해 말을 한다는 것이다. 태넌은 이를 남성은 '보고형 말하기', 여성은 '공감형 말하기'를 한다고 요약한 바 있다.

세일즈에서 이는 무엇을 뜻하는가? 이성 고객과 만나게 된 세일즈맨은 상대에 따라 의사소통 방식을 유연하게 바꾸어야 한다는 뜻이다. 자기의 방식을 융통성 있게 조정하거나, 아니면 상대의 방식을 인정해 주어야 한다. 주의 깊게 듣고 판단해야 함은 물론이다. 섣불리 상대방 의중을 이해했다거나 내 의도를 잘 전달했다고 속단하지 말라.

접근법의 조정

여성 세일즈맨이 남성 잠재 고객을 만났다면 목표 지향 활동, 구체적인 성취, 문제 해결에 초점을 맞춰야 한다. 소리 내 반응하기보다는 상대를 관찰하며 귀를 기울여라. 굳이 요청하지도 않은 도움을 주려 애쓰지 말라. 자칫하면 상대 남성의 능력에 대한 불신으로 해석될지도 모른다. 또한 상대가 준비되지 않았는데 말하도록 재촉하는 것도 금물이다.

반대로 남성 세일즈맨이 여성 잠재 고객을 만난 경우라면 자신이 어떻게 도움을 주면 좋겠느냐고 물어보는 것이 좋다. 그러면 여성 고객은 그것을 공감의 표현으로 받아들일 것이다.

관계 형성 과정에서 여성들은 다소 수다스러울 수도 있다는 점을 이해하라. 간혹 상대의 말이 오락가락 한다 해도 참을성 있게 귀를 기울여라. 잠재 고객을 알고 싶은 마음에 너무 앞질러 가지 않도록 주의하라. 불쾌감을 주는 순간 모든 것은 엇나가기 시작하기 때문이다.

중요한 것은 다른 어떤 의사소통 상황에서와 마찬가지로 귀 기울여

듣고 상대의 신호를 따라가는 것이다. 이것이 잘 이루어진다면 큰 문제는 없을 것이다.

Note

윌 터너 Turner, **댄싱 엘리펀트 어치브먼트 그룹**Dancing Elephant Achievement Group **대표**
20여 년의 세일즈 및 세일즈 관리 경험을 바탕으로 국제 세일즈 교육 및 컨설팅 전문 기업을 창립한 윌 터너는 '세일즈 자기력Sales Magnetism'이라는 프로그램을 공동 개발해 커다란 성과를 거둔 바 있다.

36 고객의 '아픈 부분'을 알아내라

세일즈 과정에서 가장 어려운 부분이 무엇인가? 많은 세일즈맨들은 잠재 고객이 마음을 열고 자기가 당면한 문제나 걱정거리를 털어놓도록 만드는 것이라고 생각한다. 맞는 말이다. 이런 정보가 없다면 세일즈맨은 분명한 세일즈 방향을 잡을 수 없게 되고, 잠재 고객에게 설득력 있는 가치를 제시하기가 불가능하기 때문이다.

내 경험에 비추어볼 때 잠재 고객의 '아픈 부분'을 알아내는 데에는 두 가지 측면의 어려움이 있다. 첫째, 세일즈맨이 민감한 질문을 던지기 어려워한다는 점이다. 그리하여 고객의 아픈 부분을 회피하고 등한시해 결국 일을 망치는 경우가 많다.

둘째, 잠재 고객들 역시 낯선 세일즈맨 앞에서 솔직한 마음을 털어놓기 어렵다는 점이다. 그래서 에둘러가거나 아예 감춰버린다. 하지만 시간과 노력, 그리고 '시나리오 세일즈'라는 기법이 조화를 이룬다면 이러한 어려움은 훨씬 경감된다. 전체 세일즈 과정의 속도도 한층 빨라질 것이다.

생각해보자. 잠재 고객은 왜 즉각 마음을 털어놓지 못하는 것일까? 이유를 짐작하기는 별로 어렵지 않다. 잠재 고객의 눈에 세일즈맨은 전혀 모르는 사람이다. 그런 사람 앞에서 경계심이 생기는 것은 당연하다. 세상에는 아는 사람에게조차 자기의 골칫거리를 털어놓지 않는 이들도 많다. 사적인 문제라고 생각하기 때문이다.

한편 세일즈맨은 세일즈맨대로 잠재 고객에게 제대로 문제를 캐묻지 못한다. 특히 경험이 없는 신참의 경우가 그렇다. 고객의 문제를 파악해야 한다는 교육을 받았다 해도 냉정하게 입을 다물어버리는 잠재 고객 앞에서 이내 기가 죽고 만다. 예컨대 "요즘 사업하시는 데 무슨 어려움은 없으신가요?"라고 물을 때, 잠재 고객이 지체 없이 "없습니다"라고 대답하며 후속 질문을 차단하는 경우가 그렇다. 이렇게 되면 잠재 고객의 마음 깊숙이 들어가는 일은 도저히 불가능해진다.

시나리오 세일즈

시나리오 세일즈는 세일즈맨이 좀더 쉽게 질문을 던질 수 있도록 하는 동시에, 잠재 고객도 좀더 쉽게 질문에 대답하도록 만들어준다. 한마디로 요약하면 상황이나 사건을 먼저 제시하고, 그것이 잠재 고객에게도 해당되는지를 묻는 방법이다. 몇 가지 예를 들어보자.

- "저희 고객들의 말씀을 들어보면 유가가 오르락내리락 하면서 현

금 유동성 문제가 발생하는 일이 많다더군요. 작년에 고객님 회사의 현금 유동성은 어떠셨나요?"

- "제가 세미나에서 들은 이야기인데요. 요즘 대금 결제 지연 때문에 힘들어하는 분들이 많답니다. 특히 단골 고객이 그렇게 지불을 지연시키면 아주 곤란하지요. 고객님 회사의 대금 결제 상황은 괜찮으신가요?"

- "서비스 마케팅이 점점 어려워진다고 합니다. 마케팅 대상이 전문직 종사자인 경우가 많아 협상이 힘들다고요. 고객님은 어떻게 마케팅을 하고 계십니까? 성과가 좋은 편이신가요?"

- "정보통신 업체 관계자 분들께 듣자니 불법 소프트웨어 사용이 점점 늘어나 골치를 썩인다는군요. 저작권 보호를 위해 새로운 정책이 도입되어야 한다는 이야기도 나오는 모양입니다. 고객님의 경우는 어떠신가요?"

- "요즘 투자자들은 제대로 된 투자 수익을 얻을 수 있을지 크게 불안해한답니다. 이건 은퇴 설계와 직결된 문제니까요. 고객께서는 최근 몇 년 동안의 투자 수익에 만족하십니까?"

시나리오는 크게 두 부분으로 나뉜다. 앞부분에서는 다른 사람들이 겪는 어렵고 고통스러운 상황을 언급한다. 이는 당연히 질문을 위한 사전 포석이다. 뒷부분에서는 "고객님은 어떠신가요?"와 같은 열린 질문을 던져 상세한 대답을 유도한다. 여기서 중요한 것은 열린 질문을 던져야 한다는 것이다. '예/아니오'로 답하게 되는 닫힌 질문은 그대로 잠재 고객의 말문을 닫을 수 있기 때문이다. 일단 잠재 고객이 답변을 시작하면 세일즈맨은 더 깊은 부분까지 파고들 수 있다.

시나리오 세일즈의 효과

시나리오 세일즈가 효과적인 이유는 크게 두 가지이다. 우선 잠재 고객은 '나 혼자 어려운 게 아니구나'라며 안심할 수 있다. 남들의 고통을 들으면서 위안을 얻고, 자기가 당면한 문제를 좀더 분명히 인식하게 된다. 혼자 구경거리가 된다는 부담감도 사라진다.

다른 한편으로 세일즈맨은 시나리오를 통해 거북한 문제를 좀더 가볍게 언급할 수 있다. 또한 추가 질문을 통해 고객의 상황을 심층적으로 파악할 수 있는 기회를 얻게 된다. 문턱을 넘어서는 셈이다.

시나리오 세일즈가 어디에나 필요한 것은 아니다. 예를 들어 사무용품 세일즈라면 그런 시나리오를 만들지 않아도 좋다. 하지만 복잡하고 민감한 문제가 관련될수록 시나리오의 효과는 높아진다. 상사나 동료 세일즈맨들과 모여 앉아 당신의 제품/서비스가 해결할 수 있는 문제를 짚어보라. 이를 바탕으로 문제를 부각하는 시나리오를 구상하라. 자연스럽게 말이 나올 때까지 꾸준히 연습하라. 그리고 실전에 사용하며 그 효과를 확인해보라!

Note

짐 도먼스키Domanski, 텔레컨셉 컨설팅Teleconcepts Consulting 대표
전화 세일즈 전략 전술에 대해 네 권의 저서를 펴낸 짐 도먼스키. 그는 이 글에서 어떻게 시나리오를 통해 고객의 마음을 열고 구매로 유도할 것인지에 대해 설명하고 있다.

37 가격 저항을 다루는 법

판매를 가로막는 장애물 중 첫 번째로 꼽히는 것은 무엇일까? 바로 가격 저항이다. 이렇게 흔한 문제이니 최적의 해결 방법이 이미 마련되어 있을 것 같지만, 안타깝게도 여전히 많은 세일즈맨들이 제대로 준비를 갖추지 못한 상태이다.

가격 저항은 어떻게 생겨날까? 우선 당신의 제품이나 서비스가 다른 회사의 그것보다 상대적으로 비싼 경우이다. 혹은 잠재 고객이 그 가격을 감당하지 못하는 경우에도 그렇다. 하지만 기본적으로 가격 저항은 잠재 고객이 가격을 감당하고 싶지 않을 때 일어난다. 제품이나 서비스가 필요하지 않거나 마음에 들지 않는다면 얼마든지 비싸게 느껴지지 않겠는가.

가격은 모든 판매에서 중요한 요소지만 정작 결정적인 요소가 되는 일은 드물다. 최근 조사를 보면 가격을 첫 번째로 고려한다는 응답자가 14%에 불과했다. 세일즈맨이나 제품에 대한 신뢰, 품질, 사후 서비스 등이 오히려 가격보다 더 중요했다.

가격 저항을 없앨 수는 없다. 하지만 부가가치 판매 기법을 통해 가격 저항을 최소화하는 것은 가능하다. 의혹의 그늘 뒤에 숨은 잠재 고객에게 투자가 얼마나 대단한 가치를 지니는지 보여주는 것이다. 물론 가치를 확인한 후에도 가격을 깎으려 드는 잠재 고객들은 얼마든지 있다. 그러니 철저히 준비해야 한다.

자고로 힘들여 번 돈을 가능하면 움켜쥐고 싶은 것이 우리 인간의 심리이다. 하지만 어차피 우리는 계속 무언가를 구입하며 살아간다. 그러므로 세일즈맨의 과업은 다른 세일즈맨이 아닌 바로 나 자신에게서 그 구매가 일어나도록 만드는 데 있다.

다음은 가격 저항을 타개하기 위한 12가지 전략이니 참고하라.

12가지 전략

가격이 아니라 가격 차이에 초점을 맞추라

가격은 늘 상대적이다. 가격 자체를 두고 옥신각신 하는 대신 다른 제품의 가격을 알아보고 차이에 초점을 맞춰라. 경쟁자보다 10% 비싸다 해도 혜택이 30% 더 많다면 가치가 큰 셈이다. 전체 가격은 입에 올리지 않는 것이 중요하다. 가령 "단 50만 원만 더 투자하시면 이렇게 달라집니다", "75만 원을 더 쓰셨을 때 어떻게 되는지 볼까요"와 같은 표현을 사용하는 것이 좋다. 총액보다는 상대적으로 작은 금액에 잠재 고객의 주의를 집중시키는 것이다.

가격을 쪼개 말하라

오랫동안 사용하는 제품이라면 제품 수명에 맞춰 비용을 나눠 제시하라. 하루, 한 주, 한 달에 얼마라는 식으로 말이다. 여기서도 총액보다는 가격 차이에 초점을 맞춰야 한다. "일주일에 2천 원만 더 내신다면 앞서 설명해드린 이점을 모두 누리시는 겁니다."

지출이 아닌 투자로 설정하라

구매를 통해 이익을 얻고 절약하게 될 액수를 구체적으로 보여주라. 그리고 이를 제품 구입에 드는 상대적으로 적은 비용과 비교하라. 이렇게 하면 잠재 고객도 부가가치를 깨닫게 될 것이다.

가격이 아니라 결과를 비교하라

'스포트라이트' 방법이라고도 불리는 것으로, 잠재 고객이 특별히 마음에 들어 하는 부분을 강조하는 기법이다. 이를 통해 중요한 것은 얼마를 지불하느냐가 아니라, 어떤 기능을 얻느냐에 있음을 알려주는 것이다.

잠재적인 위험 요소를 부각하라

값싼 제품/서비스를 구매할 경우의 단점을 언급하라. 사용상의 한계, 확장 불가능성, 되팔 때의 가격, 기능 제한 등을 지적하라. 이를 위해서는 현재의 경쟁 상황을 잘 알고 있어야 한다. 경쟁자와의 비교가 효용을 갖는 한 절대 이런 경쟁을 포기하지 말라.

지불하는 만큼 얻게 된다는 점을 상기시켜라

잠재 고객에게 싸구려 제품을 구입해 후회했던 기억을 떠올리도록 하라.

더 비싼 제품과 비교하라

당신의 제품이 훨씬 더 비싼 제품에나 있는 우수한 기능을 보유하고 있다는 점을 강조하라. 그러면 상대적으로 가격이 낮게 느껴진다.

결제 조건을 쉽게 만들어라

회당 가격이 낮은 장기 할부, 무이자 할부, 리스 등 가능한 한 결제를 쉽게 하도록 조치하라.

추가 혜택을 언급하라

유능한 세일즈맨이라면 마지막 단계를 위해 몇 가지 혜택을 감춰두는 법이다. 지금까지 말하지 않은 제품의 유용성에 대해 강조하라.

숨겨진 혜택을 지적하라

제품 가격에는 제품이 지닌 가치가 고스란히 반영되어 있을 뿐 아니라 믿을 만한 애프터서비스 등 다른 이점도 있음을 강조하라. 경험 많은 세일즈맨들은 한결같이 '약속 기간은 넉넉하게, 배송은 약속보다 빨리'라는 원칙이 효과적이라고 지적한다. 이 또한 기억해두어야 할 부분이다.

제품의 가치를 분명히 이해하라

세일즈맨조차 제대로 이해하지 못하는 가격을 어떻게 잠재 고객이 이해하겠는가?

잠재 고객에게 도전거리를 던져라

잠재 고객이 제품 사양을 정확히 비교하고 있는지 물어보라. 독자적인 특징과 기능을 설명하고 잠재 고객이 스스로 품질을 비교하도록 하라. 겉으로는 똑같아 보이는 제품이 실제로는 완전히 다를 수 있음을 설명하고 판단을 유도하라.

기본 전략은 간단하다. 사전에 이러한 기법을 충분히 연습하고 실전에 나서도록 하라. 그러면 가격 저항에 당면하더라도 프로처럼 능숙히 행동하게 될 것이다.

Note

브라이언 제프리 Jeffrey, **세일즈포스 어세스먼트**Salesforce Assessments **회장**
본래 전기 기술자였던 브라이언 제프리는 몇 달 동안 임시로 세일즈 업무를 맡았다가 발군의 실력을 발휘하면서 새로운 길로 들어섰다. 35년 동안 전기 제품, 컴퓨터, 위성 통신 장비, 컨설팅 서비스, 교육 프로그램 등을 판매해왔다. 최근 기업들의 직원 채용 과정을 도와주는 세일즈포스 어세스먼트 사를 창립했다.

"모든 게 순조로웠는데 왜 주문을 안 하지?"

38

대부분의 세일즈맨들이 세일즈 과정에서 고객의 참여는 오로지 주문뿐이라고 생각한다. 그리하여 최종 마무리 단계에서나 고객의 참여, 즉 주문을 요청한다. 하지만 실제로는 세일즈 과정의 다양한 지점에서 참여를 요청할 필요가 있다. 그렇지 않았다가는 "모든 과정이 순조로웠는데 왜 주문을 안 하지?"라는 고민에 빠지기 일쑤이다.

고객 참여를 유도하는 것의 효과는 여러 가지이다. 첫째, 세일즈맨의 아주 작은 요청도 받아들이지 않는 잠재 고객이라면 관심 정도가 극히 낮다고 판단할 수 있다. 판단의 근거를 얻게 되는 것이다.

둘째, 세일즈 과정에 더 많이 참여하는 잠재 고객은 자신의 시간과 노력을 더 많이 투자하는 셈이고, 결과적으로 쉽게 발을 빼지 못하는 입장이 된다. 그 투자에는 개인 시간뿐 아니라 상사의 개입이나 회사에 대한 기여도 포함되기 때문이다. 상사까지 끌어들여 논의하게 된 상황에서 "없던 일로 합시다"라는 말은 하기 어려울 것이다.

양방 통행적인 참여를 요구하라

상대를 기쁘게 하고 싶은 마음에 세일즈맨은 어떠한 성과도 보장받지 못한 채 모든 요청을 받아들이기 쉽다. 하지만 참여는 양쪽 모두에게서 이루어져야 한다는 점을 명심하라. 요컨대 잠재 고객이 당신에게 요구하는 만큼 당신도 잠재 고객에게 요구할 권리가 있다.

예를 들어 보충 자료를 요청해온다면 "기꺼이 보내드리겠습니다. 자료를 검토하시고 의견을 나눌 수 있도록 일주일 후에 다음 약속을 잡으면 되겠지요?"라고 답하라. 시연 프레젠테이션을 요청해온다면 "알겠습니다. 누가 참석하시게 될까요? 명단을 주시면 제가 미리 연락해 인사를 나눠두고 싶은데요"라고 말하는 것이다.

이러한 양방 통행적인 참여가 제대로 이루어지지 않는다면 생각을 다시 해봐야 한다. 주고받을 준비가 되어 있지 않은 잠재 고객이라면, 당신의 귀중한 시간을 낭비할 필요가 없기 때문이다. 기꺼이 참여해줄 다른 고객을 찾아나서는 편이 낫다.

Note

크레이그 제임스 James, **세일즈 솔루션**Sales Solutions **사 대표**
크레이그 제임스는 시카고 경영대학원 출신의 MBA로 12년 동안 기술 및 소프트웨어 분야에서 세일즈 경험을 쌓았다. 컨설팅과 교육, 저술 활동을 펼치고 있는 그는 현재 뉴욕 대학에서 강의도 하고 있다.

마무리가 항상 문제인가

가장 최근의 판매 마무리 경험을 떠올려보라. 구매 약속을 받기 적절한 시점이라고 확신하며 자신 있게 시도했는가? 아니면 머뭇거리며 모호하게 요청했는가?

효과적으로 세일즈를 마무리하려면 구매 결정을 요청하든지, 다음 단계 행동을 구체적으로 약속하든지 해야 한다. 하지만 "연락드리겠습니다", "전화하겠습니다"와 같은 어중간한 표현으로 마무리를 대신하고 마는 세일즈맨이 의외로 너무 많다. 왜 이런 일이 일어나는가? 다음 세 가지 이유 때문이다. 지금부터 차근차근 살펴보자.

한 번에 한 걸음씩

거부에 대한 두려움

세일즈를 제대로 마무리하지 못하는 가장 큰 이유는 아마도 거절당해 대화가 끊어져버릴지 모른다는 두려움 때문이리라. 실제로 고객으로부터 안전한 마무리를 위한 충분한 피드백이나 신호를 받지 못한 상황이라면 이런 일이 발생하기도 한다. 이는 대부분 세일즈맨이 세일즈 과정에서 제대로 신호를 요청하지 못한 탓이다.

잠재 고객과 대화를 나누는 동안 적절한 피드백을 요청하도록 하라. 예를 들어 메시지를 제시하거나, 반박에 재반박하거나, 질문에 답한 후에는 "어떠십니까?", "납득이 가십니까?", "생각이 바뀌셨나요?"라고 묻는 것이다.

방금 한 말에 대한 피드백 요청은 핵심적인 정보를 제공받을 수 있는 기회이다. 거래를 요청하고 다음 단계로 나아가기 위해 필요한 확신을 키우는 계기이기도 하다. 때문에 제때 피드백을 확인하지 못한 채 마무리하려 든다면, 결과는 '전부 혹은 전무'로 갈리게 된다. 그러니 당연히 마무리를 시도하기가 겁나는 것이다.

나쁜 인상을 주는 것에 대한 두려움

세일즈를 제대로 마무리하지 못하는 두 번째 이유는 세일즈맨이 자기 행동이 적절하지 않게 비칠까 봐 두려워하기 때문이다. 마무리는 오직 구매 요청일 뿐이라 생각하고는 자칫 잠재 고객에게 압박감이나 거부감을 불러일으킬까 봐 걱정하는 것이다. 그러나 만남 이전에 객관적인 행동 단계를 설정하고 세일즈 도중에 피드백을 받는다면, 괜한 걱정은 필요 없을 것이다.

과정의 부재

마무리에 실패하는 세 번째 이유는 순차적인 마무리 과정이 없었다는 데 있다. 효율적인 마무리를 위해서는 마무리 자체를 과정으로 두고 세부 단계와 단계별 목표를 설정해야 한다.

가령 시작 단계에서는 만날 때마다 측정 가능한 목표를 세워 원하는 행동 단계의 분명한 그림을 얻는다. 중간 단계에서는 피드백을 확인하며 현재 위치를 확정한다. 그 다음 단계에서는 다음 행동 단계 혹은 구매 계약을 요청한다. 마지막으로 성실하게 사후 확인을 거쳐야 한다.

오늘날의 복잡하고 경쟁적인 세일즈 환경에서는 매번 있는 세일즈 만남을 노련하게 관리해야 한다. 그러자면 제때에 확신을 가지고 마무리하는 능력이 절실히 필요하다. '한 번에 한 걸음씩'이라는 격언을 따르라. 고객과 만나면서 그때그때 피드백을 얻어라. 거래를 요청할 단계가 안 되었다 해도 작은 진전은 계속해서 이루어야 한다.

매번의 세일즈 만남을 행동 단계로 끝맺어 조금씩 마무리를 향해가도록 하는 것은 매우 중요하다. 요컨대 다음 단계를 아주 구체적으로 만드는 것이다. "다음주에 다시 연락드리겠습니다"로 끝내는 것과 "이제 본격적인 이야기를 시작할 준비가 된 것이지요?"라고 끝내는 것은 완전히 다르다. 전자가 시간 확인에 불과하다면, 후자는 마무리 거래의 시도이기 때문이다.

피드백을 종합한 결과 거래 요청 시점이 되었다고 판단되면, "이제 원하시는 대로 제안을 해주시겠습니까?"라고 당당하게 물어보라. 이런 마무리가 아직 불편하게 느껴진다면 단계별로 조금씩 나아가는 것도 좋다.

거울 앞에 서서 거래 요청 연습을 해보라. 확신 있게 마무리하려면 연습은 반드시 필요하다.

Note

린다 리차드슨Richardson, 세일즈 컨설팅 회사 리차드슨 설립자 겸 대표
린다 리차드슨은 심리학과 컨설팅을 전공한 후 28년 이상 세일즈 교육 분야에서 다양한 경험을 쌓았다. 세일즈 관련 도서를 집필한 바 있으며, 펜실베이니아 대학 와튼 스쿨에서 강의도 하고 있는 실력파이다.

40

최고의 세일즈맨은
'판매' 하지 않는다

누구나 물건 사기를 좋아한다. 그건 재미있는 일이기 때문이다. 믿어지지 않는가? 그렇다면 주말에 쇼핑몰에 나가보라. 바로 눈으로 확인하게 될 것이다. 하지만 설득에 못 이겨, 혹은 강압에 의해 물건을 사게 되는 상황을 좋아하는 사람은 아무도 없다.

최고의 세일즈맨은 고객에게 물건을 '판매하지' 않는다. 다만 구매를 '도와줄' 뿐이다. 자, 어떻게 하면 최고의 세일즈맨이 될 수 있을까?

고객의 마음을 얻는 기술

감성적으로 접근하라

제품이나 서비스를 소개하면서 여전히 이성적 판단에 따른 구매를 유도하는 편인가? 이제 상상력을 자극하고 감정에 호소하라. 그 제품을 소유하는 것, 서비스를 이용하는 것의 혜택과 보상을 강조하라. 고객이 직접 제품을 만져보도록 하라. 과거의 사례를 이야기로 풀어보라. 호감을 사고 즐거움을 주어야 한다. 당신보다는 고객이 주로 이야기하도록 해야 한다.

고객이 원하는 바를 파악하라

기업 간 거래 현장에서 가장 중요한 질문은 '저 제품이 내게 왜 필요할까?' 이다. 이는 세일즈맨이 아닌, 고객이 던지는 질문이다. 고객의 입장이 되어 당신의 제품이 왜 필요할지 생각해보라. 업무를 쉽게 만드는가? 존중과 권위를 얻게 하는가? 재미있는가? 위험부담을 최소화하는가? 실적에 도움이 되는가? 시간을 절약시키는가? 경쟁에서 앞서게 만드는가?

고객의 지성을 신뢰하라

잠재 고객을 최고의 지성인이라 여기며 말하라. "우리는 모두 시간과 돈을 절약하고 싶어 합니다. 그렇지요?"라는 식의 하나마나한 질문으로 고객의 지성을 모욕하지 말라. 대신 "우리 제품은 시간과 돈을 모두 절약해줍니다"라고 간단히 언급하고 한두 가지 예를 들라. 고객에게 마구 확인 질문을 던지는 전략은 이미 시대에 뒤떨어진 것이다. 고객은 현명한 존재로서 존중받고 싶어 한다. 이 점을 명심하라.

이름을 불러주라

상대가 불러주는 내 이름만큼 달콤한 음악은 없다. 세일즈 도중에 여러 번 잠재 고객의 이름을 불러라. 단, 혹시라도 가르치려 든다는 느낌을 주면 안 되니 과하지는 않게 하라. 발음하기 까다로운 이름이라면 사전에 여러 번 연습해 실수하지 않도록 주의하라.

냄새에 신경 써라

고객의 후각에 부담을 주어서는 안 된다. 세일즈맨이 풍기는 독특한 향수나 로션 냄새에 질색하는 고객도 있다. 심지어 냄새가 싫어 만남을 서둘러 끝내버리는 일도 간혹 있다. 코를 찌를 정도의 진한 향기라면 없느니만 못하다.

시간을 지키되 너무 일찍 가지는 말라

얼마나 많은 세일즈맨들이 약속 시간보다 늦게 나타나는지 모른다. 무례한 일이다. 너무 일찍 가는 것 역시 무례하다. 약속 시간보다 10분 이상 먼저 도착해서는 안 된다. 약속 시간을 준수하는 것은 존중과 성실의 상징이다.

강력한 이미지를 창조하라

"직원들이 이 교육 프로그램을 아주 좋아할 겁니다"라고 말하는 대신 "직원들이 사장님 앞에서 기립박수를 치게 될 겁니다"라고 말하는 것은 어떤가. 이 정도의 묘사는 누구든 허용하는 수준이다. 실제로 기립박수를 받지는 못한다 해도 그 모습을 상상하는 것만으로도 효과는 강력하다.

고객을 심문하지 말라

최근의 세일즈 기법 중에는 잠재 고객이 자기 수요를 명확히 파악하도록 하기 위해 질문 세례를 하도록 강조하는 것도 있다. 하지만 예민한 고객이라면 질문이 너무 많을 경우 압박감을 느끼게 된다.

잠재 고객과의 대화에서는 80/20 법칙을 지켜라. 전체 시간의 80%는 고객의 말에 귀를 기울이고, 나머지 20%의 시간 동안만 말하라. 이렇게 하면 질문을 던질 필요도 없이 답을 얻을 수 있다. 그리고 꼭 확인해야 할 부분에 대해서만 질문하는 것이다. 그 질문도 고객의 말에 대한 대답에 자연스럽게 섞여들도록 해야 한다. 맥을 끊는 질문은 금물이다.

어색함을 극복하라

무작위 전화 세일즈에서 자기소개를 한 뒤 무슨 말을 해야 할까? "잘 지내시나요?"라는 식의 인사는 삼가라. 전혀 모르는 사이에서 이런 인사는 가식적일 뿐이다. "저는 세일즈맨입니다"라고 다짜고짜 밝히는 것도 좋지 않다. "귀사의 인사팀에서 어떤 서비스를 필요로 하시는지, 저희가 혹시 도움이 될 수 있을지 알고 싶어 이렇게 전화를 드렸습니다"라는 좀더 업무적인 인사는 어떨까?

요컨대 자기소개를 한 뒤 바로 전화 건 이유를 설명하는 것이다. 잠재 고객은 당신의 솔직함, 그리고 자기 시간을 배려하는 태도 등을 긍정적으로 평가할 것이다.

질문에 질문으로 답하지 말라

고객의 질문을 세일즈맨이 다른 질문으로 받는다면 회피한다는 느낌을 주게 된다. 그러니 "언제 배송 가능합니까?"라는 질문에 "언제 필요하시지요?"라고 답하지 말라. 신뢰감이 확 떨어지기 때문이다. 평균 배송 기간을 알려주고 그것이 괜찮은지 물어보는 것은 좋다. 만약 괜찮지 않다고 하면 원하는 기간 내에 맞출 수 있도록 최선을 다해야 한다.

깔끔하고 단정한 모습을 갖춰라

성공을 위한 옷차림은 특히 세일즈에서 중요하다. 당신의 옷차림, 머리 스타일이나 수염 상태 등은 고객, 동료, 상사에게 수많은 메시지를 전달한다. 단정한 모습이라면 스스로도 기분이 좋아지고, 더 많은 세일즈를 성공시킬 수 있다. 자기 모습을 꼼꼼하게 살펴라. 특히 구두에 신경을 써야 한다. 남자라면 수염을 깔끔하게 깎아라. 긴 수염은 아무래도 지저분한 느낌을 주기 쉬우니까.

전화를 받아주었다고 감사 인사를 하지는 말라

이런 식의 너무 예의바른 행동은 당신을 복종적인 역할을 하도록 몰아넣는다. 복종하는 사람은 무시당하기 쉽다. 또한 어려운 단계를 거쳐 간신히 만나게 된 사람과의 첫 마디를 "아, 정말 만나기 힘든 분이군요!"라고 시작하는 것도 마찬가지 이유에서 피하는 게 좋다. 당당한 태도로 임하라.

태도가 감정을 만든다

모든 일이 잘 풀릴 것 같은 기분일 때 우리는 미소를 짓고 자세를 바로 하며 자신 있게 걷는다. 왠지 처지고 기운 빠지는 날이라면 의도적으로 미소를 짓고 가슴을 펴라. 어느새 마음도 가벼워져 있을 것이다. 그리고 그 감정은 전화에도 그대로 전달된다. 가슴을 펴고 앉아 가벼운 미소를 지으며 고객에게 전화를 한다면 자기도 모르게 자신감이 생길 것이다. 그 마음이 목소리에 실리면 잠재 고객도 좋은 인상을 받게 된다.

고객에게 맞춰라

잠재 고객과의 대화를 주도하려는 마음을 억누르고 상대의 속도와 대화 스타일에 최대한 맞춰라. 이는 상대를 배려하며 춤추는 것과도 같다. 고객이 수다 떨기를 좋아한다면 소소한 얘기에 장단을 맞춰라. 하지만 업무 이야기로 국한시키고 싶어 하는 사람에게 쓸데없이 주말 계획을 물어서는 안 된다.

대범하고 통 큰 사람이라면 시시콜콜한 문제까지 물고 늘어지지 말라. 그런 사람들은 "나머지는 제가 다 알아서 하겠습니다"라는 말을 좋아한다. 고객의 성격이나 대화 특성을 유심히 관찰하고 파악하여 순발력 있게 대응해야 할 것이다.

고객은 고양이 같다

고객은 고양이처럼 의심이 많고 조심스러우며, 독립적이고 거만하다. 뒤를 쫓으면 날쌔게 도망가 버린다. 너무 비위를 맞추려 들면 당신을 무시하고 만다. 하지만 가만히 앉아 시간을 두고 마음을 결정하도록 해주면 어느새 당신 무릎 위에서 기분 좋게 가르릉 소리를 낼 것이다.

Note

마이클 달튼 존슨, 세일즈독 SalesDog.com **대표**

미국 최고의 세일즈맨들의 생생한 경험과 노하우를 담아 이 책을 엮은 마이클 달튼 존슨은 세일즈 교육 전문 사이트 세일즈독의 대표이다. 30년 이상 비즈니스 활동을 하면서 많은 성공 사례를 남긴 인물이다. 작은 출판사를 인수해 직원 세 명 규모에서 수백 명 규모로 키워낸 것도 그 좋은 예이다.

설득 & 협상

: 얼마만큼 깎아주느냐
vs 어떻게 깎아주느냐

가격 할인은 협상 과정에서 필수적인 요소이다. 약간만 양보하고도 상대가 협상에 성공했다고 여기게끔 만드는 것이 비결이지만, 대다수 세일즈맨들은 거래 성사에만 매달린 나머지 너무 많은 양보를 하고 만다. 이는 '얼마만큼 깎아주느냐는 어떻게 깎아주느냐에 달려 있다'는 기본적인 협상 원리를 모르기 때문이다.

거래를 위해 어쩔 수 없이 할인 혜택을 주어야 하는 경우라면 깎아주는 방식이 고객의 마음 속에 어떤 기대를 만들어내는지 기억해야 한다. 할인 폭을 점점 좁혀나가면서 고객이 최고의 협상을 해냈다는 만족감을 느끼도록 만들어라.

④ 때로는 선제공격이 최선이다

간혹 세일즈 업계에서는 고객의 반박을 긍정적으로 인식하는 경향이 있다. 반박은 어떻든 간에 잠재 고객의 관심을 증명한다는 것이다. 글쎄……, 이건 마치 장거리 여행에서 타이어가 펑크 나면 좋아해야 한다는 얘기처럼 들린다.

고객의 반박은 분명 어려운 과제이다. 제품/서비스에 대해 반박하는 고객이라면 이미 당신의 말을 귀 기울여 들어주지도 않을 것이다. 질문을 던지고 정보를 제공해봤자 잠재 고객의 관심은 다른 곳에 가 있다. 고객의 머릿속에서는 "너무 비싸", "우리 시스템에는 맞지 않아", "재정적으로 취약한 회사와는 거래할 수 없어", "우리는 당장 그만한 지출 여력이 없어", "우리 같은 회사하고는 일해본 경험이 전혀 없는 세일즈맨이야"와 같은 말만 끝없이 반복되기 때문이다.

자, 어떻게 할 것인가. 바야흐로 당신은 가격, 경험, 능력 등 고객이 의문을 제기하는 모든 측면에서 자신을 정당화해야 하는 궁지에 몰렸다. 그것도 아주 잘해서, 상대를 설득해내야 한다. 하지만 설득당하기를 좋아하는 사람은 세상에 없다. 그야말로 진퇴양난의 상황이다.

문제를 감추지 말고 드러내라

내 제안은 이렇다. 당신이 세일즈 시작 부분에서 먼저 최악의 반박 사항을 끌어내 설명을 시도해보라는 것이다. 모순적으로 들릴지 모르지만 제대로만 된다면 이것은 늘 먹히는 방법이다.

컨설팅을 하면서 나는 실적 좋은 세일즈맨과 평범한 세일즈맨의 차이가 어디에 있는지 분석하는 작업을 종종 수행한 적이 있다. 최근에는 보험 판매회사를 대상으로 그런 작업을 했는데, 이 회사의 보험 상품은 경쟁사에 비해 월 납입 보험료나 개인 부담 치료비 비율이 높았다.

많은 세일즈맨들은 이에 대한 고객의 반박을 이겨내지 못했다. 하지만 이들 중 최고의 세일즈맨은 달랐다. 이들은 그 문제를 전면에 내세워 설명했고, 결국 의사결정에 별 영향을 미치지 않도록 만들었다.

좀더 구체적으로 예를 들어보자. 세일즈맨은 고객과 먼저 기본적인 유대감을 형성한 후 다음과 같이 설명하는 것이다.

- "건강 보험 상품의 선택은 대단히 중요한 일입니다. 이런 중요한 일을 한 달에 5만 원을 내는지 10만 원을 내는지에 따라 결정할 수는 없겠지요. 올바른 판단을 내리시도록 돕고 싶습니다. 저희

상품은 다른 어떤 보험과도 다릅니다. 그 점을 충분히 이해하지 못하신다면 절대 저희를 선택하실 수 없을 것입니다."

- "저희 상품은 고객께서 병원에 안 가도록 만드는 데 초점을 맞춥니다. 그래서 경쟁사의 보험에서는 전혀 제공하지 않는 서비스가 포함됩니다. 매년 무료 건강검진, 무료 혈액검사, 무료 카이로프랙틱 시술 등이 그것이죠."

- "네, 저희 보험 상품에서는 고객님께서 부담하셔야 하는 병원 치료비가 많은 편입니다. 하지만 저희 상품에 가입하시고 나면 병원에 갈 일이 줄어듭니다. 더 건강해지시는 거죠. 경쟁사들이 내세우는 숫자에 현혹되지 마십시오. 저희 상품은 다릅니다. 저희는 고객님의 건강을 지켜드리는 데 초점을 맞춥니다. 이제 저희 상품에 대해 좀더 설명을 들어보시겠습니까?"

이렇게 초반부터 반박 요소를 분명히 하고 나면 고객이 이의를 제기할 가능성이 대폭 낮아진다. 또한 꺼림칙한 부분을 먼저 건드려주는 세일즈맨에 대한 잠재 고객의 신뢰도 높아질 것이다.

나 역시 다른 컨설턴트에 비해 컨설팅 비용을 많이 청구하는 편이다. 그 이유를 궁금해하는 고객들에게 나는 언제나 이렇게 말하곤 한다. "제 컨설팅은 싸지 않습니다. 하지만 저는 맡은 일을 탁월하게 해드립니다. 세일즈 분야에서 제가 가진 지식과 경험은 고객께서 충분히 투자하실 만한 자원이 될 것입니다." 확신을 담아 이렇게 이야기하고 나면 가격에 대한 저항은 어느새 사라져 있다.

당신은 어떤가? 당신이 매일 당면하는 고객의 반박은 어떤 내용인가? 아마도 비슷한 반박이 반복되고 있을 것이다. 이제 어떻게 당신이 먼저 그 문제를 드러내고 처리할 수 있을지 고민해볼 시간이다. 고객의 반박에 대응하는 기법을 찾아다니는 일은 이제 그만두라. 오히려 고객보다 먼저 그 내용을 제시해 해결해버려라.

Note

질 콘라스 Konrath**, 대기업 상대 세일즈 전문가**
세일즈 컨설팅을 시작하기 전에 질 콘라스는 첨단 기술 회사의 세일즈와 제품 출시 전략 담당자로 일했다. 이 글에서 콘라스는 고객의 반박을 성공적으로 다루는 법을 구체적으로 알려주고 있다.

42 "생각할 시간이 필요해요"라는 말을 다루는 법

"생각할 시간이 필요해요" 혹은 "좀 생각해봅시다"라는 말만 빠진다면 우리의 세일즈는 훨씬 더 쉽고 편안한 일이리라. 하지만 이 말은 쉽게 사라질 것 같지 않으니, 이제는 효율적인 대처 방법에 대해 심도 있게 고민해보자.

시간의 문제인가, 아닌가

잠재 고객의 그 말은 진심일까? 세일즈맨을 점잖게 떼어버리기 위해 그렇게 말하는 사람도 적지 않다. 이런 잠재 고객의 의중을 정확히 알지 못한다면, 전자우편과 전화로 헛수고를 계속하며 시간과 에너지를 낭비할 수도 있다.

반면 정말로 생각할 시간을 필요로 하는 경우도 있다. 정보를 곱씹고 신중한 판단을 하려는 고객들이다. 계속 거절당하는 데 실망한 나머지 이런 고객까지도 포기해버리면 금쪽같은 세일즈 기회를 놓치게 된다. "좀 생각해봅시다"라는 말에 대한 대응은 크게 세 가지로 나누어 볼 수 있다.

아무 대답도 하지 않기

내가 좋아하는 대응 방법이다. 특히 전화 세일즈에서 유용하다. 상대가 시간을 달라고 말했을 때 아무 말 없이 가만히 기다리는 것이다. 대부분의 사람들은 침묵에 익숙하지 않다. 3, 4초 정도만 지나면 무슨 말로든 침묵의 공백을 메우려 든다. 그 효과는 참으로 놀랍다.

대개의 경우 고객들은 왜 생각할 시간이 필요한지 설명하기 시작한다. 그러면 상황이 분명해진다. 예를 들어 상사나 동료에게 의논해야 한다는 말이 나온다면 의사결정 참여자가 추가로 밝혀지는 셈이다. 다른 제안서를 검토해야 한다는 말이 튀어나올 수도 있다. 그러면 다른 경쟁자의 존재가 드러난다. 어떤 정보가 나오든 이를 바탕으로 당신은 다음 단계의 말이나 행동을 구상할 수 있다.

시간을 주되 약속을 잡기

다음은 잠재 고객에게 시간을 주되, 시한을 정하는 것이다. 이를테면 다음과 같이 말할 수 있다.

"물론 이런 결정에는 생각할 시간이 필요한 법이지요. 충분히 이해합니다. 제가 다음주에 전화를 드려서 다시 의논하면 어떨까요? 다음주 수요일 오전 8시 45분에 전화를 드리는 것으로 약속할까요?"

잠재 고객이 여기 동의한다면 실제로 생각할 시간이 필요했던 상황이라 볼 수 있다. 다시 통화할 시간을 정한다는 것은 상대도 충분히 시간과 에너지를 할애하겠다는 약속이다. 이때 날짜가 아니라, 정확한 시간을 잡아야 한다는 게 중요하다.

시간이 필요한 잠재 고객의 입장에서 이런 접근은 고마운 일이다. 당신은 상대에 대한 존중과 배려를 보인 셈이다. 압박감을 주지 않았다는 점도 모종의 효과를 발휘할 것이다. 너무 저돌적으로 밀어붙였다가는 불쾌감을 자아내 일이 틀어져버릴 가능성이 크다. 고객에게는 가격 못지않게 신뢰 관계가 중요하다는 것을 잊지 마라.

당신이 제안한 시간이 좋지 않다고 하면 또 다른 시간을 제시하라. 그것도 안 된다면 언제 어느 때가 좋을지 물어보라. 좀처럼 시간을 정해주지 않는 고객이라면 가능성이 없다고 봐도 틀리지 않을 것이다.

이유를 탐색하기

마지막 접근법은 먼저 공감을 표시한 뒤, 이유를 물어 상대의 의중을 알아내는 것이다.

"그렇군요. 저라도 생각할 시간이 필요할 것 같습니다. 그런데 어떤 점 때문에 망설이시는지 여쭤봐도 될까요?" 이 질문은 "아직 저의 대답이 충분하지 않다고 생각하시는 질문이 무엇인지 여쭤봐도 될까요?", 혹은 "고객님께서 어떤 점이 염려되시는지 여쭤봐도 될까요?" 등으로 바꿔도 좋다.

이런 질문은 잠재 고객의 속마음을 드러내고 실제 문제가 무엇인지, 고객이 정말로 시간이 필요한지 아닌지 등을 밝혀준다. 이제부터는 고객이 시간을 달라고 할 때 이 세 가지 중 하나를 적용해보라. 그리고 효과를 직접 확인해보라.

43

느긋한 사람과 협상할 때
알아야 할 것

당신은 충실히 역할을 다했다. 최종적인 세일즈 과정까지 성공적으로 끝냈고, 잠재 고객은 제품에 지대한 관심을 보였다. 그러나 화요일에 결정을 내리고 전화하겠다는 약속을 받았지만 전화가 없다. 수요일, 목요일도 그냥 흘러간다. 마침내 금요일에 전화를 걸어온 잠재 고객은 당신의 세일즈에 깊은 인상을 받았지만, 결정은 다음 사분기까지 보류하게 되었다고 알린다. 다른 경쟁 제품이 있었던 것도, 특별한 사정이 생긴 것도 아니다. 잠재 고객은 그저 당장 문제를 해결할 생각이 없다고 한다.

전화를 끊으면서 당신은 '대체 무슨 일이지?'라고 생각할 것이다. 우선 상황을 제대로 판단해야 한다. 제품을 구매할 것인지 말 것인지 결정할 때 고객이 택할 수 있는 방법은 다음 세 가지 중 하나이다. 당신이나 다른 경쟁 회사에서 제품을 구입하는 것, 제품을 구입하지 않고 문제를 해결하는 것, 아니면 아무 행동도 하지 않는 것.

세일즈맨이 제대로 가치를 전달했고 고객도 거기에 충분히 공감했지만, 딱히 급하다는 생각이 들지 않아 최종 결정을 미룰 수도 있다. 만약 그렇다면 당신이 나서서 상황을 전환시켜야 한다.

"어떤 일이 벌어지지 못할까?"

느긋한 태도를 넘어서게 하려면 고객을 좀 자극해야 한다. 다음부터 마지막 회의나 설명, 제안을 할 때에는 아래에 정리한 전략을 사용해 고객에게 빨리 결정해야겠다는 생각을 심어주라.

"어떤 일이 벌어지지 못할까?"라고 스스로에게 물어라

세일즈 과정의 막바지에 이르면 당신의 제품이 잠재 고객에게 어떤 가치를 제공할지 분명히 알고 있어야 한다. 그 다음 단계는 제품을 구입하지 않을 경우 어떤 상황이 벌어질지 알도록 하는 것이다. 제품을 구입하지 않아 부정적인 결과가 야기되는 상황을 분석하라. 그리고 이를 바탕으로 다음 단계에 돌입하라.

"어떤 일이 벌어지지 못할까?"라고 고객에게 물어라

세일즈 과정의 적절한 시점에 고객에게 물어라. "고객님 상황을 정확히 이해하여 최선의 제안을 하기 위해서 질문을 드립니다. 저희 제품을 구입한다는 결정을 내리지 않으셨을 때 어떤 일이 일어날까요?" 사전 분석을 통해 답은 이미 나와 있다. 하지만 핵심은 고객 자신이 부정적인 상황을 말하게끔 만드는 데 있다. 제대로 대답이 나오지 않으면 추가 질문을 통해 생각을 이끌어라. 예를 들어 다음과 같은 대화가 가능하다.

세일즈맨 : 저희 서비스를 이용하지 않으신다면 월간 매출액이 7천만 원 가량 된다고 보시는군요.(계산기를 두드린다.) 반면 서비스를 이용하는 경우에는 9천 4백만 원이 됩니다. 또 고객 유지율도 살펴볼까요? 현재의 연간 고객 유지율이 50%지만 저희 서비스를 이용하면 70%까지 올라갈 수 있다는 거지요?

잠재 고객 : 글쎄, 확실히는 모르겠군요. 우리 회사가 경쟁사에 조금씩 뒤지는 것은 사실이지요. 그래서 이런 서비스가 필요하다고 판단했던 것이고요. 하지만 고객 유지율이 어떻게 변화할지 정확한 수치는 알 수 없어요.

세일즈맨 : 물론 정확히는 알 수 없습니다. 대략 얼마쯤 예상하시나요. 2%?, 5%?, 아니면 이보다 더 높을까요?

잠재고객 : 글쎄요, 5%보다는 더 높지 않을까요? 잘 모르겠지만요.

세일즈맨 : 좋습니다. 그럼 가장 보수적으로 5%라고 합시다. 이제 마지막으로 가격을 살펴볼까요? 어떻게 생각하십니까?

잠재 고객 : 새로운 서비스를 도입하면 물론 가격을 좀 올릴 수 있겠지요. 하지만 서비스를 도입하지 않는다면 가격 인하 압박을 받을 겁니다. 현재대로 유지하거나 3% 정도 떨어뜨리게 되지 않을까요?

결과를 수치로 제시하라

구매를 결정하는 경우의 혜택과 가치를 수치로 제시하는 것처럼, 구매 결정을 하지 않는 결과까지도 수치화하라. 다음 단계로 넘어가기 위해 이야기를 분명히 정리해야 한다.

결과를 제시하라

다시 강조하지만 훌륭한 세일즈맨들은 서비스 구매의 혜택과 가치를 숫자로 제시할 줄 안다. 그것과 함께 결정을 내리지 않은 경우의 결과도 분명히 보여주라. 예를 들어 서비스를 구매할 경우 매출이 3%, 고객 유지율이 20% 올라간다고 제시한 뒤 반대 상황을 보여주는 것이다. 즉 서비스를 구매하지 않을 경우에는 매출이 제자리이거나 감소하고, 고객 유지율은 최소한 5%가 떨어진다고 알려주라. 그 수치와 전망은 당신이 아닌, 잠재 고객이 예상한 것임을 강조하라. 퍼센트를 구체적인 액수로 환산해 말해주라.

"어떤 일이 벌어지지 못할까?"라는 분석을 세일즈에 포함시키면 고객은 서둘러 의사결정을 해야 한다고 생각하게 된다. 이는 곧 세일즈 거래 성공률을 현저히 높여줄 것이다.

Note

마이크 슐츠 Schultz, **웰슬리 힐스 그룹**Wellesley Hills Group **대표**
이 글을 쓴 마이크 슐츠는 컨설팅 및 마케팅 기업인 웰슬리 힐스 그룹의 대표로, 주로 서비스 업종을 대상으로 브랜드 전략이나 마케팅 컨설팅을 해왔다.

44

거절과 거부의 차이는 무엇일까?

　영화 〈터미네이터〉에서 아놀드 슈워제네거는 "다시 돌아오겠다"라는 대사를 남겼다. 하지만 "다시 연락드리겠습니다"라는 잠재 고객의 말은 그 대사와는 전혀 다르다. 잠재 고객은 두 번 다시 전화를 하지 않을 테고, 오늘 성사되지 않은 거래는 내일도, 모레도 성사되지 않을 것이다.

　그래서 "생각할 시간을 주십시오" 혹은 "제가 다시 연락하지요"라는 말이 세일즈의 전체 과정 중에 가장 처리하기 어려운 고객의 '거절'이라고 여기는 이들이 많다. 하지만 문제 파악부터가 잘못되었다. 이 발언은 '거절'이 아니라 세일즈 과정의 '거부', 곧 중단을 의미하기 때문이다. 이런 상황에서 거절에 대처하는 기법을 함부로 적용했다가는 일을 더 망치고 만다.

　거절과 거부의 차이는 무엇일까? 거절은 고객이 의사결정을 위해 더 많은 정보가 필요할 때, 혹은 이미 주어진 정보를 분류해야 할 때 나타난다. 반면 거부는 고객이 정말로 관심이 없는 경우이다. "제게 아무 도움이 안 되는 이야기군요", 혹은 "그쪽이 파는 건 나한테 쓸모가 없어요"라는 말을 예의바르게 포장했다고 할까?

고객 입장에서 생각해보자. 자고로 현재 상태에서 뭔가가 제대로 굴러가지 않을 때 비로소 특정 제품이나 서비스에 대한 수요가 생기는 법이다. 고객이 거부했다면 세일즈맨은 제대로 문제를 짚어내지 못한 것이다.

"다시 연락드리겠습니다"라는 말의 의미

거부를 당했다면 잠재 고객이 관심을 보일 만한, 동시에 당신이 해결책을 제시할 수 있는 몇 가지를 언급해야 한다. 그 하나하나에 다음 요소들이 담기도록 하라.

당신 제품/서비스의 가장 강력한 이점을 언급하라

잠재 고객은 그 이점과 관련된 자신의 문제에 초점을 맞추게 된다. 어떤 이점을 언급하면 적당할지 어떻게 아느냐고? 미리 공부를 해야 한다. 사실상 모든 산업 분야와 모든 기업은 비슷한 문제들로 골치를 앓고 있다고 해도 과언이 아니다. 다만 해결 방법이 다를 뿐이다. 각 고객에게 맞는 이점 목록을 만들어두라.

이점을 사실 진술과 결합하라

제시된 이점에 설득력 있는 이유를 제시해야 한다. '왜냐하면' 이라는 표현을 사용해 당신의 제품/서비스가 문제 해결과 어떻게 관련되는지 드러내라.

논리적인 이점을 언급하라

이는 "그래서 어쨌다고?"라는 질문에 답하는 방법이다. 이 시점에서 설득조로 나가야 할 필요는 없다. 그저 고객이 당신의 제품/서비스에서 어떤 혜택을 볼 수 있는지만 설명하라.

고객의 문제를 당신의 해결책과 연결시켜라

이제 더 많은 정보를 얻음으로써 실질적인 혜택을 기대할 수 있다는 점을 깨닫게 할 단계이다. 당신의 제품/서비스가 마침내 고객의 관심사로 부상하는 것이다. 고객이 늘 던지는 질문, "대체 나와 무슨 관련이 있지?"에 답을 주는 부분이기도 하다.

사례를 제시해 현실감을 높여라

당신은 들은 말을 다 믿는가? 물론 아니리라. 신뢰를 형성하려면 사례를 드는 것이 좋다. 기존 고객이 그 제품/서비스에서 혜택을 받고 있는가? 누누히 강조하지만 인지도 있는 제3자를 근거로 끌어들이는 것은 훌륭한 세일즈 전략이다.

이를 위해서는 사전 준비가 중요하다. 다음번에 세일즈를 할 때는 미리 고객에 대해 해당 산업에 대해, 시장에 대해 조사하라. 잠재적인 문제들을 목록화하고 고객의 관심을 집중시킬 수 있는 질문이나 대사를 5~10개 만들어두라. 앞서 소개한 요소들을 다 넣은 사례는 다음과 같다.

"매주 급여 계산 업무 처리에 드는 시간을 20% 정도 줄여드릴 수 있습니다. 왜냐하면 저희 온라인 급여 계산기는 최신판 세율을 자동 적용하면서 신속 정확하게 계산을 해주니까요. 어느 업종이든 상관없이 세금 계산도 신속 정확하게 이루어집니다. 경리부의 업무 생산성이 높아지고 비용은 줄어드는 효과가 있지요. 저희 고객이신 ABC사의 경우 이미 비용절감 효과를 체험하고 계십니다."

잠재 고객의 관심을 사로잡아 당신의 설명에 귀 기울이도록 만들지 못한 상태에서 바로 시연 순서로 넘어가지는 말라. 관심이 없다면 모든 말은 한 귀로 들어가 다른 귀로 흘러나가고 만다.

판매자와 구매자의 이러한 관계는 '윈-윈' 철학에 바탕을 둔다. 고객이 문제가 있고 당신이 해결책을 가졌다면, 두 사람이 힘을 합쳐 상황을 개선할 수 있다. 먼저 진정한 관심과 흥미를 이끌어낸다면 거부당할 가능성은 사라지고, 고객은 어서 더 많은 이야기를 듣고 싶어 몸이 달 것이다.

Note

제임스 매덕 Maduk, **온라인 셀링 유니버시티**Online Selling University **운영자**
제임스 매덕은 전략 비즈니스와 세일즈, 시장 개발 분야에서 20년 이상 일한 후, 온라인 세일즈에 필요한 모든 정보를 집대성한 온라인 셀링 유니버시티를 운영하고 있다.

원-윈 협상의 정석

　가장 최근에 거래했던 신규 고객을 떠올려보라. 양쪽은 만족해서 협상을 끝냈는가? 혹은 "저 인간하고는 두 번 다시 보고 싶지 않아!"라고 중얼거리며 협상 테이블을 나섰는가?

　협상은 크게 두 종류로 나뉜다. 조종형 협상과 협력형 협상이다. 후자는 '윈-윈Win-Win' 결과를 낳지만, 전자는 한쪽에게만 승리를 가져다준다. 어떻게 접근하느냐에 따라 협상의 종류가 달라질 것이다.

　조종형 협상의 목표는 무조건 상대를 이기는 데 있다. 협상하는 양측은 서로를 적으로 인식하고 권력, 속임수 등 온갖 방법을 동원한다. 이런 협상은 불신, 긴장, 의혹, 호전성으로 요약된다. 결국 어느 한쪽은 기분이 상할 수밖에 없다. 동일한 상대와 또다시 협상할 일이 없다면 이런 조종형 협상도 유용할지 모른다. 하지만 장기적인 관계를 원한다면, 이는 결코 바람직하지 못하다.

　반면 협력형 협상은 양측의 필요를 충족시키는 방법이 여러 가지가 있다고 가정한다. 그리고 모두가 만족스러운 문제 해결 방안을 모색한다. 신뢰, 개방성, 솔직함을 바탕으로 여러 대안이 검토된다. 그리하여 마지막 거래 단계에서 패자는 없다.

서로 타협을 이루고자 하는 양측은 세부 사항 때문에 전체를 그르치지 않는다. 반면 양측이 타협을 이룰 의지가 없는 경우라면 세부 사항이 끝내 발목을 잡게 된다. 당신과 거래하려는 사람이 타협을 이룰 자세가 되어 있다면, 협력형 협상으로 서로 만족스러운 결과를 얻을 가능성이 높다.

최대의 성과를 끌어내는 법

협력형 협상은 크게 6단계로 이루어진다. 계획, 만남, 연구, 제안, 동의, 확인이라는 6단계는 한꺼번에 일어날 수도 있고, 몇 단계는 생략될 수도 있다.

계획 단계에서는 상대와 대면하기 전에 사전 연구와 준비를 하게 된다. 만남 단계에서는 양측이 서로 얼마나 호의적인 분위기에서 협상을 진행할 것인지 결정된다. 신뢰, 권위, 권력, 약속 이행 능력 등도 확인할 수 있다. 상대편의 외모, 말투, 행동을 보면서 '이 사람과 사업상의 협력을 하고 싶은가?'를 결정하는 단계이기도 하다.

연구 단계가 되면 양측은 핵심 정보를 교환한다. 여기에는 최종 목표나 현재의 필요성 등이 망라된다. 양측은 상대의 현재 상태를 다각도에서 평가한다. 이 단계에서 유의할 것은 세부적인 사항들에 집중하느라 전체적인 그림을 놓칠 수 있다는 것이다. 그러므로 서로의 목표를 이해하지 못한 상태에서 섣불리 해답을 찾으려 들지 않도록 주의해야 한다.

제안 단계에서는 누가, 언제, 어디서, 무엇을, 어떻게, 왜 할 것인지를 분명히 한다. 계약 세부 사항이 협상되고 다듬어지는 단계이기도 하다. 동의 단계로 가면 계약서에 사인이 되고, 합의 내용을 이행하기 위한 첫 걸음이 시작된다. 마지막 확인 단계는 모든 것이 계획대로 진행되는지, 양측 모두 계약 내용을 잘 이행하고 있는지, 제품이나 서비스가 제대로 납품되고 대금 결제가 이루어졌는지 확인하는 과정이다.

이렇게 협력형 협상 과정에서 최대의 성과를 올리기 위해 협상 테이블에 앉을 때마다 다음 사항을 점검하도록 하라.

- 협상 중에 해야 할 일과 하지 말아야 할 일을 분명히 정리하고 협상 전략을 짠다.
- 상대 업체와 직원들에 대해 가능한 한 많은 정보를 사전에 수집해둔다.
- 경쟁 노출 상황을 평가해본다. 다른 업체가 더 나은 제안을 해왔을 가능성은 얼마나 되는가? 이를 바탕으로 최대와 최소 타협선을 정할 수 있다.
- 첫 협상 회의에 앞서 동료들과 모의 연습을 해본다. 어떤 질문이 나올지, 어떤 상황이 벌어질 수 있는지 미리 확인하고 자신감을 갖기 위해서이다.
- 옷차림, 머리 스타일, 배포 자료, 프로젝트 관련 지식, 재량권 등

이 완벽한지 확인한다. 신뢰감의 형성은 거기서부터 출발하기 때문이다. 또한 의사결정을 할 수 있는 재량권이 충분하다고 평가받아야 진지한 논의가 가능하다.

- 상대의 개인별 특성을 감안하여 말의 속도나 프레젠테이션 방식을 조정한다. 상대는 권위를 싫어하는 관계 지향적인 사람인가? 능력을 인정받고 싶어 하는 대중 지향적인 사람인가? 권위적이고 과제 지향적인 사람이라면 결과에 집착할 것이다. 서로 다른 유형에 대해 유연하게 대처한다면 긴장감이 사라지고, 신뢰감과 생산성이 올라갈 것이다.

- 상대가 처한 상황을 심층적, 다각적으로 연구하라. 상대의 말에 눈과 귀를 집중시켜라. 상대가 원하는 결과가 무엇인지 스스로 판단하라. 의사결정의 기준은 무엇인지, 반드시 필요한 요소와 있으면 좋은 요소는 무엇인지 파악하라. 상대의 협상 한계점이 드러날 것이다.

- 당신의 요구 사항을 제시할 때에는 상대가 원하는 최종 결과와 연결지어라. 당신의 요구가 결국은 상대를 위한 것임을 보여라.

- 입장 차이가 나타나는 지점을 신중하게 협상하라. 가격 할인을 만병통치약으로 여기지는 말라. 다른 가능성을 찾아보라.

- 상대가 특별한 요구를 해온다면 반박하지 말고 이면에 숨은 이유를 파악하라.

- 당신의 입장을 방어하지 말라. "제 입장이라면 어떻게 하시겠습니까?"와 같은 질문을 던져 비판과 조언을 구하라.

- 협상 마지막 단계에서는 누가, 언제, 어디서, 무엇을, 어떻게, 왜

할 것인지를 양측 모두 분명히 알고 있는지 확인하라.

이러한 사항들을 지킨다면 협상 성공률이 눈에 띄게 높아질 것이다. 또한 협상 상대방은 당신이나 협상 과정, 협상 결과 등 모든 면에서 좋은 인상을 받을 것이다. 양측 모두에게 공정한 결과를 얻었다는 생각이 중요하다. 윈-윈 결과야말로 협력형 협상의 진정한 성과이기 때문이다.

Note

토니 알레산드라 Alessandra, **어세스먼트 비즈니스 센터**AssessmentBusinessCenter.com **대표** 토니 알레산드라는 뉴욕 시에서 성장하면서 세상살이를 터득했다고 입버릇처럼 말하지만 1976년에 마케팅을 전공하여 박사 학위를 받은 실력파이다. 이 글에서 토니는 신뢰를 바탕으로 한 협상법, 솔직함을 강조하는 협상법을 강조하고 있다.

상대를 방어적으로 돌아서게 하는
한마디 말

우리는 자기도 모르는 사이 만들어진 말하기 습관에 맹목적으로 빠져 있다. 그러면서 스스로 설득력을 떨어뜨리기도 한다. 상대를 방어적으로, 혹은 우리 비즈니스에 대해 부정적으로 인식하도록 만드는 것이다. 모름지기 세일즈 전문가라면 남을 설득할 줄 아는 능력을 갖춰야 한다. 지금부터는 설득 능력을 키우기 위해 버려야 하는 습관적인 표현 여섯 가지를 소개할 것이다.

설득의 함정 피하기

"솔직히 말씀드리면…"

솔직함을 굳이 드러내야 하는 이유는 무엇인가? 다른 말은 모두 거짓이었다는 뜻이 아닌가? 사실 이 말은 자기주장의 허점을 드러낸다는 느낌을 준다. 예를 들어 "솔직히 말씀드리면 경쟁사의 시스템이 속도 면에서 좀더 우수합니다"라는 식으로 말이다. 앞으로는 "솔직히 말씀드리면"이란 말은 아예 입 밖에 꺼내지도 말라.

"제가 말씀드리고 싶은 것은…"

사람들은 당신이 무엇을 원하는지에 관심이 없다. 상대를 설득시키려 할 때 이런 표현은 특히 좋지 않다. 상대는 자기 자신이 원하는 것에만 집중하기 때문이다. 새로운 화제를 꺼내고 싶을 때는 상대의 이해관계와 결합시켜라. "그러면 고객님께서 어떻게 돈을 절약할 수 있는지(생산성을 높일 수 있는지) 살펴보도록 하지요." 상대는 바로 관심을 보일 것이다.

부정적인 표현

아래쪽의 두 그림은 맥락이 우리 인식에 얼마나 크게 작용하는지 잘 보여주는 고전적인 예이다. 어느 쪽 선이 더 길까? 똑같다. 하지만 위쪽이 길어 보인다. 선 양쪽의 모양 때문이다. 이와 마찬가지로 똑같은 정보도 어떤 말로 표현되느냐에 따라 전혀 다른 효과를 가져온다.

설득력 있는 사람은 긍정적인 표현을 주로 사용한다. "다음주 화요일 이전에는 선적할 수 없습니다" 대신에 "당장 다음주 화요일에 선적할 수 있습니다"라고 말하는 것이다. 대단한 차이가 아닌가? 듣는 사람 입장에서 어느 쪽이 더 듣기 좋겠는가? 긍정적인 표현은 실로 대단한 효과를 발휘한다. 비단 고객뿐 아니라 친구, 가족에게 말할 때도 이 방법을 사용해보라. 그 효과에 깜짝 놀라게 될 것이다.

"그러니까 …라는 말씀이군요."

나는 이런 말을 들으면 화가 난다. 십중팔구는 잘못된 요약, 불충분하거나 핵심이 잘못 짚어진 요약이기 때문이다. 그러면 나는 했던 말을 반복하며 상대가 틀린 부분을 고쳐주어야 한다. 대체로 이 과정에서 양쪽 모두 방어적이 된다. 상대는 자기가 했던 잘못된 요약에 매달리게 되고, 나는 내 의사가 제대로 전달되지 않아 초조해지고 급기야 상대에 대한 신뢰를 잃는다.

앞으로는 의문문을 사용해보라. "그러니까 ……라는 말씀이군요" 대신에 "……라는 말씀으로 이해하면 될까요?"라고 묻는 것이다. 이 질문은 당신의 경청하려는 자세, 이해하려는 태도를 드러내준다.

"고객님이 하셔야 하는 일은…"

명령은 설득에 전혀 도움이 되지 않는다. 누군가 내게 이런 표현을 사용하면 나는 즉각 '당신이 뭔데 이래라 저래라 하는 거지?'라고 생각하게 된다. 유감스럽게도 세일즈맨은 정보를 제공하면서 흔히 이런 표현을 사용하곤 한다.

예를 들면 "고객님이 하셔야 하는 일은 저희 하드웨어를 고객님 시스템에 맞춰주는 인터페이스 구입뿐입니다"라는 식으로 말이다. 이보다는 "확장 인터페이스를 통해 고객님 시스템에서 저희 하드웨어를 사용하실 수 있습니다. 인터페이스는 별도 구매가 가능합니다"라는 표현이 훨씬 더 친밀하지 않은가? 고객은 '자신이 해야 하는' 일은 싫어한다.

"이 분야에 대해 어느 정도 알고 계신지 모르겠습니다만…"

이 질문은 세일즈맨이 고객의 지식 수준에 대해 잘 알지 못한다는 점을 털어놓는 동시에, 자기의 설명이 이해되기를 바랄 때 나오곤 한다. 이후 벌어질 상황은 다음 세 가지 중 하나이다.

- 고객은 자기도 제대로 모르는 어려운 설명을 잔뜩 늘어놓으며 당신의 시간을 허비하게 만든다. 뭐든 아는 척하지만 실제로 아는 것은 없는 부류이다.
- 고객은 당신도 이미 아는 얘기를 늘어놓으며 역시 당신의 시간을 허비하게 한다. 심지어는 당신을 모욕하며 거들먹거리기까지 한다.
- 드문 경우지만 고객이 필요한 만큼의 지식을 가지고 있어 원만한 의사소통이 이루어질 수도 있다.

세 가지 경우 중 둘은 부정적인 결과이다. 의사소통에 능한 고수라면 이 정도의 확률에는 뛰어들지 않을 것이다.

대안은 간단하다. "이 분야에 대해 얼마나 알고 계십니까?"라고 질문을 던져라. 그리고 입을 다물고 귀를 기울여라. 그런 다음 고객 수준에 맞춰 설명하라. 여러 사람 앞에서 말하는 상황이라면 "이 분야에 대해 전혀 모르시는 분은 손을 들어주십시오"라고 요청해 수준을 파악하면 된다. 일반적으로는 평균 이하 수준에 맞춰 설명하는 것이 현명하다.

좀더 설득력 있는 의사소통을 위한 노력은 이제 시작일 뿐이다. 앞에서 제시한 표현을 피하면서 당신 나름대로 다양한 방법을 고안하라. 쉽지 않은 일일 것이다. 그러나 그로 인해 결국 더 많은 고객을 설득하게 된다면, 그것이 가치 있는 노력이었음을 곧 깨닫게 될 것이다.

Note

앨 우스진스키|Uszynski, **세일즈 교육 및 강연 전문가**
앨 우스진스키는 17년이 넘는 세일즈 경험을 바탕으로 지금은 세일즈 교육 및 대중 강연 전문가로 활동하고 있다. 대기업의 영업 책임자로 일하면서 3년 연속 두 자리 수 매출 증가율을 이끌어낸 놀라운 기록의 보유자이기도 하다.

47 예스맨의 비애

　지키지 못할 약속을 하고는 애먹은 경험이 있는가? 프로젝트 소요 기간이나 비용이 얼마나 될지 솔직히 털어놓는 것이 여전히 어려운가? 늘 무리한 일정에 쫓기는 편인가? 고객에게 필요한 정보라 해도 계약에 방해가 될 것 같으면 감추고 마는가?

　사람들이 나를 좋아하게 만들려면 늘 기분 좋게 해줘야 한다고 믿는가? 그래서 "No"라고 말해야 할 순간에 "Yes"라 말한 적이 있는가? 이상 열거한 질문에 한 번 이상 그렇다고 대답했다면 당신은 Yes 중독인지도 모른다. 유감스럽게도 Yes 중독은 미처 깨닫지도 모르는 사이에 중요한 고객에게 커다란 피해를 입히게 된다.

　현실적으로 가능한지 따져보지도 않고 본능적으로 "Yes"라고 대답하는 경우, 의도 자체는 물론 나쁘지 않다. 그 순간만큼은 어떻게 해서든 약속을 지킬 수 있다고 믿었던 것이고, 고객을 실망시키고 싶지 않았던 것이다. 하지만 일단 해놓은 약속을 지키지 못한다면, 그리하여 프로젝트가 제때 끝나지 않는다든지 고객과 만나는 자리에 나가지 못한다면, 고객은 크게 실망할 것이다. 아예 처음부터 "No"라는 대답을 듣는 것이 훨씬 나았을 정도로 말이다.

몇 년 전 우리 부부는 주택 신축 계약을 했다. 건축업자는 멋진 집을 지어주었지만, 시간 약속은 전혀 지키지 못했다. 4개월이면 끝난다는 말을 듣고 시작한 공사가 무려 9개월이나 걸렸다. 건축업자는 시간을 오래 끌더라도 결국 자기가 고생하는 것이니 아무 문제없다는 식이었다. 하지만 월세며, 이삿짐 보관비며, 대출금 이자며 해서 우리 부부도 적지 않은 추가 비용을 물어야 했다!

문제는 처음부터 건축업자가 9개월을 예상했으면서도 솔직히 말해주지 않았다는 데 있었다. 그는 내가 좋아하도록 말해줘야 하는 생각에 4개월 동안 신속하게 공사를 끝내겠다고 덜컥 약속을 해버렸던 것이다. 무조건 "Yes"라고 대답해야 한다는 그의 판단 때문에 결국 우리 식구들의 일상은 엉망진창이 되었고, 나중에는 완공된 집조차 반갑지 않을 지경이었다. 속도에 대한 고객의 기대에 부응하겠다는 건축업자의 전략은 결국 우리를 전혀 행복하게 만들지 못했다.

그 건축업자가 의도적으로 거짓말을 한 것은 아니다. 불법적이거나 부도덕한 일을 한 것도 아니다. 다만 솔직히 의견을 털어놓고 우리와 의논했더라면 결과적으로 훨씬 더 고객의 기대를 충족시키게 되었으리라는 점을 지적하고 싶다. 진실을 말할 줄 안다면, 때로는 "No"라고 대답하는 법을 익힌다면 골칫거리를 훨씬 줄이면서 돈도 벌고, 고객도 행복하게 만들 수 있지 않을까?

"No"라고 말하는 용기

대체로 No라는 말은 나쁜 것이라고 여겨진다. 세상에 나쁘게 보여서 고객을 잃을지도 모르는 위험을 감수하려는 세일즈맨은 없다. 하지만 고객을 위한답시고 늘 "Yes"라 대답했다가 약속을 지키지 못한다면 더 큰 위험에 봉착하게 된다. 고객은 실망하고, 시간과 비용은 더 많이 드는 갈등 상황이 빚어지는 것이다. 반면 "No"라는 대답을 통해 한계를 솔직하게 인정한다면, 이는 큰 장점으로 부각될 수 있다. 의외로 고객은 되는 것과 안 되는 것을 분명히 구분해주는 사람을 좋아한다.

이제부터는 요청을 받았을 때 잠시 생각을 정리한 후 "일정을 살펴보고 다시 연락드리겠습니다", 혹은 "기회를 주셔서 감사합니다. 상황을 확인해보겠습니다"라고 답해보는 것은 어떤가. 그리고 다음 다섯 가지 질문을 스스로에게 던져보라.

- 내가 정말로 하고 싶은 일인가?
- 내가 해야만 하는 일인가? 내 삶의 방식이나 목표, 우선순위에 맞는가?
- 상대의 기대를 충족시킬 수 있는가?
- 그 일을 할 시간이 있는가? 그 일보다 먼저 처리해야 하는 다른 일은 없는가?
- 최악의 상황을 가정했을 때 그 일에 투입할 수 있는 시간과 에너지는 얼마나 되는가?

최악의 상황을 가정해두어야 예상치 못한 문제가 발생했다 해도 약속을 지킬 여유가 생긴다. 그런 어려운 상황에서도 약속 시한을 지켰다면 당신은 고객의 무한한 신뢰까지 덤으로 얻게 될 것이다.

　　이 질문들은 얼마나 중요할까? 상대방이 얼마나 중요한 존재인가에 따라 다르다. 우리 집을 지은 건축업자가 미리 이런 질문을 던져보았다면 아마도 3천만 원 이상을 절약했을 것이다. 또한 우리와의 관계도 원만하게 유지되었으리라. 그가 지어준 집은 정말 훌륭했지만, 나는 그 건축업자를 지인에게 소개시켜주고 싶은 생각은 절대로 들지 않는다.

　　몇 번만 이 과정을 연습해본다면 당신 역시 그 유용성을 깨달을 것이다. 당신의 삶은 더 단순하고 쉬워질 것이다. "No"라고 답하는 법을 배워 스스로의 삶을 살겠는가, "Yes"를 반복하며 사람들과 상황에 짓눌릴 것인가? 선택은 당신에게 달려 있다.

Note

키스 로젠 Rosen, **프로핏 빌더스**Profit Builders **사 대표**
키스 로젠은 세일즈 컨설턴트이자 교육 전문가, 강연 전문가, 베스트셀러 작가이다. 9.11 사태 이후에는 정보 기관 직원들을 대상으로 교육을 실시하기도 하였다.

48 핵심만 전달하라

　당신은 너무 많은 정보를 쏟아내는 잘못을 저지르고 있는가? 누군가 제품 가격을 물어오면 제품의 특징, 경쟁력, 지불 조건 등을 끝없이 설명하는 유형인가? 가격이 200만 원 수준인지, 400만 원 수준인지가 궁금했을 뿐인 잠재 고객을 괴롭히고 세일즈를 망쳐버리면서? 정보의 과다 제공은 세일즈에서 '죄악'이라 부를 만하지만, 정작 세일즈맨들은 도움을 주었다고 생각할 뿐 이를 문제라고 인식하지도 못한다.

　얼마 전 나는 세일즈맨들이 모인 자리에서 제품 홍보에 대한 강연을 했다. 아주 인상적인 행사였고, 나는 제품 홍보에 대해 글을 하나 써야겠다고 생각했다. 잘 아는 경제잡지 편집자에게 그 이야기를 했더니 편집자는 친절하게도 과월호 잡지를 24권이나 보내주었다.

　나는 그 엄청난 양에 질린 나머지 나중에 시간 날 때 살펴보려고 치워두었다. 그리고는 결국 펼쳐보지 않았고, 글도 쓰지 못했다. 잡지를 한두 권만 뒤적거렸다면 일이 진행되었을 확률이 높지 않았을까? 과다 정보는 이렇게 생각과는 달리 부정적일 수 있다.

고객이 원하는 만큼의 정보

과다한 정보 제공의 형태는 다양하다. 워크숍을 위해 전국에서 모여든 보험 세일즈맨들이 여행의 피로를 풀기도 전에 회의실에 앉아 네 시간 동안 쉴 새 없이 최신 판매 기법 이야기를 들어야 한다고 하자. 무엇이 기억에 남을까?

너무 오래, 너무 상세한 내용까지 망라하는 파워포인트 프레젠테이션 앞에서 지루해했던 경험은 누구에게나 있을 것이다. 파워포인트 슬라이드는 전체 그림만 제시하도록 해야 한다. 상세한 내용은 복사해 나눠주는 것이 좋다. 두꺼운 브로슈어, 끊임없이 이어지는 전자우편이나 편지, 전화 등도 과다 정보의 다른 형태로 볼 수 있다. 이러한 정보 과다의 결과는 무엇일까? 안타깝게도 상대와의 관계 약화이다.

17세기의 프랑스 수학자 블레즈 파스칼은 누군가에게 보내는 편지에 "이 편지가 너무 길어졌군. 시간이 없어 짧게 쓰지 못했네"라고 썼다고 한다. 그렇다. 바로 이것이다. 정보는 음식과 같다. 지나치게 많은 것은 좋지 않다. 고객에게 결정권을 넘겨라. 질문이 나오면 전체적인 대답을 하고 어떤 정보를 더 알고 싶은지 물어라.

예를 들어 보도자료 서비스 업체의 세일즈맨인 당신이 어떤 서비스가 가능하냐는 질문을 받았다면? 먼저 A, B, C를 포함해 다양한 서비스가 있다고 설명하라. 그리고 지금 현재 잠재 고객이 사용하는 보도자료 서비스가 무엇인지 묻고, 당신의 서비스와 유사점 혹은 차이점을 제시하라. 다음 단계로 잠재 고객이 모르는 새로운 서비스를 고려해보겠느냐고 묻고, 그렇다는 대답이 나오면 그 서비스에 대해 설명하는 것이다.

정리해 제시하기

50개 제품이 있다고 할 때 하나하나 다 설명하려 든다면 고객은 금세 지쳐버린다. 제품을 몇 개 유형으로 묶고 유형별로 간략히 설명한 후, 고객이 관심을 보이는 유형에 집중하라. 몽땅 설명하지 못했다고 죄책감을 느낄 필요는 없다.

카탈로그를 보낼 때에는 고객이 관심을 보일 만한 페이지에 표시를 하고, 표지에 몇 마디를 써넣어라. 관심 제품 몇 개를 찾기 위해 카탈로그 전체를 샅샅이 살펴보는 일을 좋아하는 사람은 별로 없다.

물론 드물긴 하지만 끝도 없는 정보에 열광하는 고객도 있다. 하지만 어디까지나 예외일 뿐이다. 너무 크지도 너무 적지도 않은, 너무 뜨겁지도 너무 차갑지도 않은 중도 전략을 구사하라. 고객이 원하는 만큼의 정보만 제공하라. 이상의 내용이 정보 과다 제공의 폐혜를 지적하는 딱 적당한 분량의 글이었기를 바란다.

Note

미셸 니콜스 Nichols, **세일즈 전문 강연자 겸 칼럼니스트**
지루한 프레젠테이션을 길게 이어가는 세일즈맨 앞에서는 누구나 "핵심만 얘기해 줘요!"라고 고함지르고 싶어지는 법이다. 이 글에서 미셸 니콜스는 바로 그 핵심을 전달하는 방법에 대해 알려준다.

살인사건 수사관처럼
고객의 말을 들어라

나는 라디오 토크쇼 애청자이다. 어느날 운전하면서 들은 토크쇼 프로그램의 손님은 살인사건 담당 수사관이었다. 그는 용의자를 심문할 때 주로 사용하는 기법을 소개했다. 그 중에 세일즈에 적용하기 딱 좋은 기법이 있었다. 나는 큰소리로 따라하면서 그 기법을 암기했다. 바로 "용의자가 말할 때에는 그 말이 끊어지게 하는 어떤 행동도, 말도 삼가야 합니다"라는 것이었다.

잠재 고객을 염두에 두고 다시 생각해보자. 잠재 고객의 말을 끊어버린다면 이는 말을 계속하려는 심리를 가로막는 셈이 된다. 아마도 당신은 언젠가 당신이 채 말을 마치기도 전에 가로채 대화를 독점하는 사람을 만난 적이 있을 것이다. 그런 일이 반복되면 '관심도 없는 모양인데 굳이 내 생각을 털어놓고 말할 필요가 있을까' 하는 생각이 들 수밖에 없다. 세일즈맨이 자꾸 말을 끊는다면 잠재 고객 또한 그렇게 생각하고 말 것이다.

세일즈맨이 잠재 고객의 말을 끊어버리는 대표적인 상황을 제시하면 다음과 같다.

- 말을 계속하라는 뜻의 반응을 보이지 않는 것 : 잘 듣고 있다는 반응은 꼭 필요하다. "그래서요?", "어떻게요?", "네, 그렇군요"와 같은 말을 적절히 사용하라.
- 아무 상관없는 질문이나 언급을 덧붙여 주제를 바꾸는 것 : 고객의 입에서 나오는 말 하나하나에 집중하라. 그 말은 빙산의 꼭대기나 다름없다. 빙산 아래쪽을 살피는 것이 당신의 일이다. 어린아이가 캠프 이야기를 듣듯 고객의 이야기에 홀딱 빠져 귀를 기울여라. 이어지는 질문은 빙산의 다음 층으로 뚫고 들어가기 위한 것이어야 한다.
- 자기 경험을 길게 늘어놓음으로써 대답을 대신하는 것 : 공감을 표하는 것은 좋지만 이제부터는 그와 관련된 내 얘기를 들어보라는 식은 곤란하다. 얘기하고 싶은 마음을 억누르고 상대가 말을 계속하도록 유도하라. 내 경험은 어차피 내가 알고 있다. 그러니 상대에게서 새로운 것을 알아내는 데 초점을 맞춰라.

용의자의 말을 수사관이 끊어버리고 나면 어떻게 수사가 진행될지에 대해서는 잘 모르겠다. 하지만 이것만은 확실하다. 세일즈맨이 잠재 고객의 말을 끊어버린다면 그건 세일즈를 망치고, 잠재 고객을 영원히 잃게 만드는 일종의 범죄 행위라는 것 말이다.

당신의 듣기 습관을 점검하라

외교관은 자기가 알고 싶은 내용을 상대가 말하게끔 만드는 사람이라고 한다. 전문 세일즈맨도 그렇게 되어야 한다. 어떻게 하면 될까?

일단 잘 듣는 능력은 세일즈를 성공으로 이끄는 데 핵심적이라 할 것이다. 잘 들어야 더 많이 팔 수 있다니 모순 같은가? 세일즈 기법이라면 듣기보다는 말하기가 더 중요할 것 같은가?

이쯤에서 당신의 듣기 습관을 평가해보자. 다음 질문에 '예/아니오'로 답해보라.

- 고객의 말을 들으면서 손목시계를 쳐다본 적이 있는가?
- 상대가 시작한 문장을 빼앗아 끝낸 적이 있는가?
- 자기가 말할 차례를 초조하게 기다린 적이 있는가?
- 말하는 상대와 계속 눈을 맞추기 어렵다고 느낀 적이 있는가?
- 상대가 핵심을 말하려는데 가로막았던 적이 있는가?
- '전에 들어본 이야기야'라고 생각한 적이 있는가?
- 상대가 무슨 말을 하게 될지 예측하는 일이 많은가?
- 남이 말하는 동안 자주 주의가 산만해지고 딴청을 하는가?
- 방금 상대가 뭐라 말했는지 기억 나지 않는 때가 있는가?
- 상대가 말하는 동안 자기 말을 만들기 시작하지는 않는가?
- 상대에게 좀더 빨리 말하라고 재촉하는가?

위 질문들 중 절반 이상에 "예"라고 답했다면 평균 수준이다. 물론 그 평균 수준이 좋다는 뜻은 아니다. 대부분의 세일즈맨이 듣기 능력 면에서 썩 훌륭하지 못하다는 말이기도 하다. 어쩌면 듣기 능력은 최고의 세일즈맨과 그저 그런 세일즈맨을 가르는 결정적인 요소인지도 모르겠다. 듣기 습관을 개선하기 위해 다음 방법들을 시도해보라.

열린 질문을 던지기

열린 질문을 던져 잠재 고객이 대답하는 동안 귀를 기울여라. 열린 질문은 '예/아니오' 이상의 답변을 요구한다. '무엇', '어떻게', '왜'로 시작하는 질문들이 대표적이다. "현재 거래하는 판매인에 대해 어떻게 생각하시나요?", 혹은 "왜 그 점이 그렇게 중요한가요?"와 같은 질문은 귀중한 정보의 문을 열어준다. 질문 목록을 미리 마련해두면 스스로 통제력을 느끼게 되어 더 자신 있게 세일즈를 진행할 수 있다. 목록에 있는 질문을 다 던져야 한다는 부담감은 가질 필요가 없다.

상대가 말하도록 독려하기

세일즈맨들은 고객이 입을 다물고 있을 때 자기가 말해야 한다고 생각한다. 하지만 고객이 생각을 정리하기 위해 잠시 입을 다문 것이었다면 어떻게 할 것인가?

이럴 때는 "그렇군요", "계속하십시오", "그래서 어떻게 되었지요?"와 같은 표현으로 상대의 말을 독려하라. 그러면 잠재 고객은 좀더 깊은 이야기까지 털어놓을 것이다. 고객이 자기 필요를 좀더 상세히 말해줄수록 당신은 적절한 가치를 제시할 수 있게 된다.

적극적으로 반응하기

능동적으로 들어야 한다. 귀뿐 아니라 온몸과 마음을 듣기에 집중하라. 눈을 맞추고 얼굴 표정과 자세로도 관심을 나타내라. 수동적인 듣기를 한다면 잠재 고객은 이를 무관심으로 해석하기 쉽다.

적극적인 반응은 잠재 고객의 말을 충분히 이해한다는 메시지도 전달한다. "아……, 그것은 ○○라는 말씀이지요?"라는 식의 공손한 재확인 질문은 경청하고 있다는 증거가 되기도 한다. 혹시 오해가 있었다 해도 바로 해명될 것이고, 결과적으로 세일즈 시간과 에너지가 절약될 것이다.

Note

릭 필립스Phillips, 필립스 세일즈 앤 스탭 디벨롭먼트Phillips Sales and Staff Development 사설립자
릭 필립스는 IBM, 뒤퐁 등 굵직굵직한 고객들을 대상으로 20년 이상 세일즈 교육과 강연을 해온 전문가이다. 듀크 대학에서 강의를 맡기도 하였다.

50 유독 프레젠테이션에 약하다면

"안녕하세요? 오늘 이렇게 만나 뵙게 되어 반갑고 기쁩니다. 제 이름은 제시카입니다. ABC사의 비즈니스 개발팀장입니다. 먼저 저희 직원들을 소개시켜 드리겠습니다. 제 왼쪽에 있는 티파니는 시스템 엔지니어입니다. 그 옆의 톰은 프로젝트 매니저이고, 제리는 고객관리팀장입니다. 오늘 여러분이 어떤 질문을 던진다 해도 저희 직원들은 분명한 대답을 해드릴 겁니다. 이제 저희가 어떤 업체이고 무슨 일을 하는지 잠시 설명해드리겠습니다……."

매일매일 발표자만 바뀔 뿐 천편일률적으로 듣게 되는 지루한 프레젠테이션의 예이다. 고객 입장이 되어 얼마나 괴로울지 상상해보라. 대놓고 "지겨워 죽겠어요!"라고 말해줄 잠재 고객은 없다. 하지만 조금만 주의를 기울인다면 속마음을 금방 알아챌 수 있으리라. 수많은 경쟁자들의 판에 박힌 프레젠테이션과 내 제품/서비스의 프레젠테이션을 확연히 다르게 만드는 방법은 무엇일까?

차별화가 관건이다

정보를 제공하는 데 그치지 말고 영향을 주어라

프레젠테이션에 실패하는 가장 큰 이유는 설득하기보다 정보 제공에 치중한 데 있다. 너무 많은 정보는 잠재 고객을 짓누른다. 세일즈맨의 역할은 유용한 정보를 취사선택하고 생생하게 전달하는 것이다. 이를 위해서는 다음 다섯 가지 요소를 갖춰야 한다.

- 적절한 어휘 : 긍정적이고 구체적인 어휘를 사용하라.
- 수사법 : 고객의 뇌리에 남을 만한 인상적인 어구를 고안하라.
- 감정 : 고객이 즐거움, 편안함, 자부심, 품격 등을 느끼도록 만들어라.
- 논리적 설득력 : 사실과 정보, 의견 등이 적절히 조화되어야 한다.
- 진정성 : 상대에게 영향력을 발휘하려면 당신과 당신 회사에 거짓이 없다고 믿게 해야 한다.

필요하다면 개인적 이익과 반대로 움직여라

고객 입장에서 최상의 선택을 하도록 도와야 신뢰 관계가 형성되는 법이다. 이미 그렇게 하고 있다면 고객이 그 점을 제대로 인식하도록 하라. 예를 들어 고객이 사옥 화장실에 붙일 타일을 고르는 상황이라고 하자. 검은색이 베이지색보다 값이 더 비싸지만 고객은 최고의 시설을 갖추고 싶다며 검은색을 선택하려 한다. 하지만 당신이 검은색 타일은 흠집이 쉽게 난다는 사실을 알고 있다면, 여러 사람이 사용하는 화장실이므로 베이지색이 더 낫다고 권할 수 있다. 개인적인 이익을 포기하고 고객의 입장을 고려했다는 점을 깨달은 고객은 당신을 더욱 신뢰할 것이다.

'경험' 요인을 활용하라

고객들은 데이터, 설문조사, 연구 결과에 이의를 제기할 수 있다. 당신의 제품/서비스가 경쟁 우위를 차지하고 있다는 점을 믿지 않을 수도 있다. 심지어는 당신의 제품/서비스가 문제 해결에 별 도움이 되지 않을 것이라 생각하기도 한다. 하지만 의견을 제시하거나 성실하게 질문에 답하면서 경험을 적절하게 언급한다면, 여기에 반박할 사람은 없다.

예를 들어 "추가 점검과 수정 단계는 시간 낭비 같습니다. 인트라넷 납품 전에 왜 그런 단계가 필요하다고 생각하시는 거죠?"라는 질문이 나왔다고 하자. 그러면 "물론 최종 결정은 여러분이 내리실 겁니다. 또 이 단계를 집어넣으면 납품이 두 달 정도 늦어집니다. 하지만 지난 2년 동안 70여 곳에 비슷한 프로젝트를 수행했던 경험을 종합해서 말씀드리면, 그중 두 군데에서만 추가 점검 단계가 빠졌습니다. 그리고 두 곳 모두 나중에 크게 후회를 했지요. 이 점을 고려해주시면 감사하겠습니다"라고 답하는 것이다. 어떻게 이에 수긍하지 않을 수 있겠는가.

실패 사례를 넣어라

세일즈맨들은 으레히 성공담만 말해야 하는 줄 안다. 하지만 실패 사례도 효과가 크다. 물론 제품/서비스의 결함이 아니라 고객 쪽의 의사결정 때문에 문제가 발생한 경우를 다뤄야 한다. 예를 들어 고객이 구매 결정을 너무 미뤘다든지, 고객 상황에 최적화하기 위한 제품 추가 보완 과정을 생략했다든지 하는 이유로 만족도가 떨어졌던 사례 같은 것 말이다. 이런 실패 사례는 잠재 고객이 동일한 실수를 반복하지 않게 하고, 성공 사례에 대한 신뢰감을 높여준다.

여기서 한 가지 주의사항이 있다. 실패 사례의 주인공인 기존 고객의 이름을 거명하지는 말라는 것이다. 그랬다가는 잠재 고객이 자기 이름도 나중에 거명될지 몰라 불안해할 것이다.

부풀리기보다는 낮추는 편을 택하라

10대인 나의 아들이 편의점 아르바이트를 하기 위해 면접을 보았을 때, 시험에서 부정행위를 하거나 가게에서 물건을 슬쩍 한 적이 없느냐는 질문을 받았다. 아들은 그런 일이 한 번도 없었다고 대답하면 오히려 거짓말쟁이로 여겨질까 봐 한참 고민을 했다고 한다. 어떻게 보면 이런 고민은 우리 인간 모두가 가진 본성을 드러내준다.

당신의 제품/서비스가 마냥 훌륭하다고 찬양하기만 하면 잠재 고객의 신뢰감은 오히려 떨어질 수 있다. 이런 회의적인 본성을 자극하지 않으려면 조금 낮춰 말하는 편이 좋다. 구매 결정으로 얻을 수 있는 최소한의 유익만 약속하라. 잔뜩 부풀려진 장점은 결국 실망을 불러올 뿐이다. 그 최소한의 유익만으로도 충분히 가치가 있다고 생각해 구매 결정을 내린 고객이어야 제품에 대해 만족한 뒤, 장기 고객으로 바뀔 가능성이 높다.

어디서 정확한 숫자를 대고, 어디서 어림수를 제시할지 구분하라

정확한 숫자는 검증하거나 협상할 때 필요하다. 반면 어림수는 기억하기 쉽다. 처음으로 결과를 언급할 때는 정확한 숫자를 대더라도 데이터를 반복해 말하는 경우에는 어림수를 사용하는 편이 좋다.

통계와 사실을 생생하게 제시하라

숫자를 이해하기는 쉽지 않다. 때문에 차트나 그래프를 사용하면 효과가 크다. 더 나아가 프레젠테이션을 듣기 위해 모인 청중들에게 몇 가지 질문을 던지고 손을 들게 한 뒤, 그 결과를 기존 통계와 비교하는 방식도 있다. 고객들이 자료를 좀더 쉽게 소화할 수 있도록 다양한 방법을 강구하라.

2인자의 위치를 부끄러워하지 말라

2인자를 응원하는 사람들도 많다. 상대적으로 브랜드 인지도나 시장 점유율이 낮다면 그 점을 보완하기 위해 얼마나 더 애쓰는지를 부각시키면 된다. 렌터카 회사인 에이비스Avis사가 '우리는 끊임없이 노력한다'는 캐치프레이즈를 통해 결국 판세를 뒤집은 사례를 기억하자.

사전에 경쟁자들을 공략하는 전략을 세워라

당신의 제품/서비스를 설명하면서 경쟁사의 제품/서비스와 차별화되는 점이 무엇인지 슬쩍 언급하라. 고객의 마음속에 다른 제품/서비스는 안 되겠구나 하는 생각이 들도록 만드는 것이다. 하지만 직접적으로 경쟁자들을 공격해서는 안 된다. 혹시라도 특정 요소가 제대로 갖춰지지 않은 제품/서비스를 선택할 경우 낭패를 볼 수 있다는 정도면 충분하다. 고객들이 당신의 경쟁업체를 만났을 때 그 부분을 확인하도록 만드는 것이다.

치밀한 안내자 역할을 하라

프레젠테이션이 진행되는 동안 고객들이 어디에 주의를 집중하는지는 통제 불가능하다. 어떻게 보면 고객의 집중력을 두고 당신과 자료가 경쟁한다고도 할 수 있다. 당신은 지금 2쪽을 설명하고 있는데 고객들은 8쪽에 나와 있는 가격을 검토하는지도 모른다. 어떤 순서로 어떻게 설명하고 자료를 제시할 것인지 꼼꼼히 계획을 세워라. 되도록 핵심 내용을 전달한 뒤, 그 내용을 상세히 다룬 자료를 보도록 하는 것이 좋다.

지루하고 졸린 프레젠테이션으로는 구매를 이끌어낼 수 없다. 구태의연함을 벗고 생동감 넘치는 프레젠테이션을 할 수 있는 모든 방법을 강구하라.

Note

다이애나 부허Booher, 부허 컨설턴트 사 창립자
대학에서 소설 작법을 가르치던 다이애나 부허는 학생들이 소설보다는 비즈니스 서신을 작성하는 법을 배우고 싶어 한다는 점을 깨닫고 새로 공부를 시작해 비즈니스 글쓰기 관련 책을 냈다. 이후 제안서 쓰는 법과 프레젠테이션 하는 법에 대해서도 책을 출판한 바 있다.

(51) 감성을 사로잡아라

지금 당신이 제안한 제품/서비스를 최종 검토하는 고객의 머릿속에는 수많은 요소가 작동하고 있다. 이때 다른 조건이 동일하다면 친밀감은 커다란 역할을 한다. 세일즈 교육을 받으면서 당신은 사실 정보나 숫자들을 논리적으로 전달하라고 배웠을 것이다. 하지만 성공적인 세일즈에는 논리성뿐 아니라 감성도 필요하다. 경쟁자들보다 당신을 더 신뢰하고 좋아하도록 만들어야 하는 것이다. 자, 어떻게 하면 잠재고객의 감성을 사로잡을 수 있을까? 여기 몇 가지 요령이 있다.

경쟁자들을 물리칠 강력한 무기

믿음직한 모습으로 집중하라
불안하고 자신 없는 모습을 보인다면 고객은 당신이 무능력하다고 생각한다. 또한 프레젠테이션 내용이 고객의 관심사에 부응하지 않는다면 고객은 제대로 배려를 받지 못했다고 느낀다. 상대의 눈을 똑바로 바라보고 당신이 제품/서비스를 100% 확신한다는 점을 드러내라. 고객의 관심사를 신속히 파악해 그것을 직접적으로 언급하라.

한 명 한 명에게 관심을 나누어주라

프레젠테이션 장소로 들어서면서 그 자리의 모든 사람과 악수를 나눠라. 개인 대 개인으로 관계를 맺고 인상을 남기는 것이다. 대체로 사람들은 1:1 만남을 좋아한다.

간단하고 인상적으로 설명하라

당신의 프레젠테이션이 경쟁자의 그것보다 선명하게 기억되도록 하고 싶은가? 요지를 짧게 끊어 받아쓰거나 기억하기 쉽도록 하라. 재미있는 문구를 사용하거나 반복 리듬 효과를 줘도 좋다. 너무 어려운 전문 용어는 피하라. 가족 앞에서 프레젠테이션을 시연해보는 것도 좋다. 가족이 이해하지 못하는 용어는 고객에게도 어려울 수 있다.

이야기를 넣어라

사람들은 홍보물에 거부감을 보이지만 이야기는 좋아한다. 새로운 소프트웨어를 판매하는 입장이라면, 그 소프트웨어가 고객의 인생을 어떻게 바꿔놓을지를 이야기로 만들어보라. "직장에 출근해 업무를 시작하는 당신의 모습을 상상해볼까요? 이 소프트웨어를 사용해 지금까지 45분 걸리던 일을 불과 5분 만에 간단히 처리합니다. 그럼 인생이 어떻게 달라질까요? 먼저 이 소프트웨어를 사용했던 고객들의 말씀으로는……." 특히 기존에 없었던 새로운 제품을 세일즈하는 상황이라면 이야기만큼 효과적인 것은 없다.

이야기에는 흥미로운 등장 인물과 대사, 극적인 장치가 필요하다. "몇몇 기업은 이미 저희 소프트웨어를 사용하고 계십니다"라고 말하는 대신 "IBM의 스미스 씨는 '이 소프트웨어로 업무 효율이 20% 이상 올라가지 않으면 앞으로는 나를 못보네'라고 하셨지요. 저는 틀림없다고 장담했습니다. 6개월이 지나자 스미스 씨가 전화를 하셔서 '대단해! 덕분에 살았네'라고 말씀하시더군요"라고 말해보라.

기술에만 의존하지 말라

프레젠테이션 효과를 높이기 위해 최신 기법을 사용할 수는 있지만 거기에만 매달리지는 말자. 파워포인트는 옆길로 새지 않도록 방지하는 역할일 뿐, 신뢰 형성에는 도움이 되지 않는다.

정보, 숫자와 그림, 경험 자료 등도 물론 중요하다. 하지만 다른 조건이 모두 갖춰진 상태라면, 신뢰와 호감이 바로 경쟁자들을 물리칠 가장 강력한 무기가 된다.

Note

패트리셔 프립Fripp, 프립 앤 어소시에이츠 대표
헤어디자이너 출신으로 두발관리 제품 마케팅을 하면서 남다른 프레젠테이션과 강연 능력을 인정받았다. 이후 프레젠테이션 교육 전문가로 활약하고 있다.

이야기로 이미지를 창조하라

스포츠 중계를 앞두고 간식거리를 사러 문을 나서는데 부엌에서 아내가 외친다. "가게에 가는 거예요? 커피믹스 좀 사다줄래요?" 이제 아내가 원하는 것을 정확히 사와야 하는 중대한 과제에 당면한다. 그러나 집으로 돌아오면 꼭 잘못 사왔다고 잔소리를 듣게 된다. 어느 남편이나 한 번쯤 경험했을 법한 일이다.

내 아내는 그런 일이 반복되자 해결책을 고안했다. 사야 하는 식료품의 빈 봉투나 상자를 보여주는 것이다. 내가 아내의 요구를 정확히 이해하고 기억하도록 만드는 데 이보다 더 좋은 방법이 있을까?

이 사례에서 알 수 있듯이 우리 인간은 그림으로 사고하는 데 능하다. 그림을 통한 기억은 훨씬 오래 가기 때문에 대화에서 적절한 이미지를 사용하는 것은 매우 효과적이다.

기억하기 쉽다

안타깝게도 많은 세일즈맨들이 여전히 어휘를 통해서만 이미지를 전달하려고 고심한다. '최고의', '품질 좋은', '서비스' 등의 온갖 화려한 수사가 총동원된다. 하지만 이런 말은 너무 흔하고, 이미 본래의 의미를 잃었다. 게다가 사람마다 조금씩 다른 뜻으로 사용되기도 한다. 또한 말로 이미지를 전달하려 든다면 메시지는 모호해지기 십상이다. 이에 비해 샘플을 보여주고 이야기를 들려주면 상황은 완전히 달라진다. 그림이 그려지기 때문이다.

아직까지도 목록, 브로슈어, 비교표에 의지하는 세일즈맨들이 너무 많다. 대신 이야기를 활용해보라. 기존 고객들이 당신 회사의 제품/서비스 덕분에 어떤 도움을 받았는지 이야기를 통해 보여주라.

이야기를 통한 이미지 창조는 고객의 마음속에 오래 기억되며 깊은 인상을 남긴다. 내가 빈 봉투나 상자를 보고 식료품을 기억하듯, 잠재 고객은 당신을 이야기로 기억할 것이다. 다음번에 무언가 주문할 일이 생기면 바로 당신 이야기를 떠올릴 것이다. 이야기를 듣고 그림을 그리게 된 고객은 당신을 가깝게 느끼기도 한다. 기분 좋은 느낌도 간직한다. 어서 붓을 잡고 그림을 그리기 시작하라!

Note

톰 리처드Richard, 세일즈 교육 전문가 겸 작가
톰 리처드는 비즈니스 칼럼을 정기적으로 기고하는 한편, 오랜 세일즈 경험을 바탕으로 다양한 교육 세미나를 제공하고 있다.

숨어 있는 구매자를 설득하려면 ⑤

정중하게 거절당하기도 지겨운가? 모든 참석자들과 웃으며 악수를 나눈 후 한 건 했다는 뿌듯한 기분으로 걸어 나왔지만, 다음날 탈락 통보를 받는 상황 말이다. 그러면 혼란에 빠지기 마련이다. 대체 뭐가 잘못되었던 걸까?

어쩌면 그건 제안서 때문이었는지도 모른다. 우리 대부분은 직접 만나 세일즈하는 데는 탁월하다. 전화로도 문제없다. 하지만 제안서는 어떤가? 사실 제안서의 목적은 양측이 이미 합의한 내용을 정리하는 데 있다. 특별히 새로운 내용은 등장하지 않는다. 그런데도 제안서가 중요한 이유는 무엇일까?

그것은 바로 제안서가 숨은 구매자의 손에 들어가기 때문이다.

성공하는 제안서 만들기

전문 세일즈맨이라면 고객의 구매 과정을 파악하고 관여하는 모든 사람과 접촉했을 것이다. 상대가 진짜로 의사결정에 참여하는 인물인지도 다각도로 확인했을 것이다. 자, 그러면 다 된 것일까?

그렇지 않다! 숨은 구매자가 존재하는 회사가 많기 때문이다. 보통 의사결정을 하는 인물들은 구매팀에 전권을 부여한다. 하지만 숨은 구매자가 최종 결재를 하는 상황이라면 이야기는 얼마든지 달라질 수 있다. 그 순간 고려 대상은 오로지 제안서뿐이다.

소름이 끼치는가? 당신이 만든 제안서가 이제부터 저 혼자서 그 숨은 구매자를 설득해내야 한다. 이를 위해서는 제안서에 다음과 같은 내용이 포함될 필요가 있다.

구매 필요성의 요약

고객은 당신이 자사의 문제를 제대로 이해했다는 확신이 필요하다. 출발점과 목적지를 제대로 파악했음을 보여주라. 제안서 중 이 부분의 목표는 "충분히 상황을 이해하고 분석했습니다"라는 메시지의 전달이다.

목표 언급

구매팀과의 회의에서 언급되었던 목표가 숨은 구매자에게도 충분히 전달되어야 한다. 구매 가격을 정당화할 수 있는 점검표가 필요한 것이다.

과업 목록 혹은 방법론

당신의 제품은 고객의 현재 필요 부분과 미래의 목표를 어떻게 연결시켜줄 것인지를 보여주는 부분이다. "어떻게 일할 계획인가요?"라는 질문에 대한 대답이라고 생각해도 좋다. 고객이 당신의 수행 능력을 100% 확신할 수 있도록 분명하게 작성하라.

성공 지표

고객은 어떻게 향후의 발전과 성공을 가늠하게 될 것인가? 눈에 보이는 결과는 무엇일까? 고객이 쉽게 결과를 판단할 수 있다면 거래가 성사되는 것도 그만큼 쉽다. 지표를 드러내 보여주지 못한다면 세일즈는 불가능하다.

관련 경험

신뢰 형성을 위해 이전 경험을 언급하라. 능력을 증명하는 것이므로, 구체적일수록 좋다. 예를 들면 이렇다. "저희 프로그램을 도입한 제약 회사 15곳에서는 첫해 평균 매출이 15% 이상 증가했습니다."

가치 전달

제안서를 통해 어떻게 고객에게 가치를 전달할 것인가? 쉽지 않은 문제이지만 수치를 제시하는 것으로 극복할 수 있다. 수치 제시의 예를 들면 다음과 같다. "인포메이션 시스템이 개선되면 산출이 10% 향상되고 첫해에는 1,900만 원, 다음 5년 동안에는 3,450만 원이 절약될 것입니다."

제대로만 되면 가치 서술을 통해 제품/서비스의 가격에 대한 저항을 완전히 없앨 수 있다. 숨은 구매자는 특히 가격에 민감해 "이만큼의 가치가 있는 건가?", "어떻게 이 비용을 마련하지?"와 같은 질문을 많이 던진다. 그러므로 적절한 가치 서술이 포함되지 않은 제안서는 여기서 탈락하기 쉽다.

시간 엄수

흔히 말해 시간은 돈인데도 시간을 못 지키는 사람들이 넘쳐난다. 기한 준수가 얼마나 중요한지 알고 있으며, 반드시 지키겠다고 강조하라. 납품 시간 엄수는 가격에 대한 불만을 상쇄하고도 남는다.

구체적 사항

제안서에는 납품, 가격, 기한, 제반 조건 등의 세부 사항이 언급되어야 한다. 다시 한 번 말하지만 이는 구매팀과 이미 충분히 협의된 내용이다. 다짜고짜 제안서를 보내달라고 하면 "지금 의논을 해본 후 제가 합의된 내용을 요약해 보내드리면 어떨까요?"라고 말해보라. 내 경험으로 미루어볼 때 이런 제안을 거절한 고객은 없었다.

Note

스티브 워터하우스Waterhouse, 워터하우스 그룹 대표
워터하우스 그룹은 1994년부터 수많은 세일즈 전문가들을 교육하고 컨설팅해온 회사이다. 20년 이상 현장에서 세일즈맨으로 뛰어온 스티브 워터하우스가 이 글에서는 성공하는 제안서의 핵심 요소를 설명하고 있다.

타협이라는 게임에서 승리하기 ⑤④

대부분의 세일즈맨들은 값을 깎는 것이 고객을 행복하게 만드는 가장 쉬운 방법이라고 믿는다. 하지만 내 경험으로 보자면 정반대이다. 값을 너무 쉽게 깎으면 고객이 느끼는 거래의 가치 자체가 낮아지기 때문이다.

이 기본적인 타협 원칙에 대해 처음 인식한 것은 내 남편이 운동화를 구입하는 것을 관찰하면서부터였다. 남편은 협상을 좋아하는 사람이다. 내가 새 운동화를 살 때가 되면 남편이 나서서 결국 두 켤레를 사곤 한다. 그러면 가격 협상이 가능하다고 생각하는 것이다. 하지만 가격 할인을 받은 적은 단 한 번도 없었다. 늘 할인을 요청하지만 결국은 정가에 구입하고 마는 셈이다.

이런 일련의 과정을 지켜보면서 나는 내 협상 기술, 그리고 고객들의 협상 태도를 새로운 시각과 입장에서 바라보기 시작했다. 두 가지 중요한 질문에 답을 얻고 싶었다. 성공하는 협상가의 비결은 무엇인

지, 그리고 고객이 거래에 만족하도록 하면서 애초의 가격을 지켜내는
방법은 무엇인지…….

　결국 나는 최고의 협상가들이 매번 협상을 할 때마다 최고의 거래
를 이끌어내는 5단계 과정을 정리해낼 수 있었다. 사실 이 단계들은
가격 협상뿐 아니라 운송 관련 협상, 기능 추가 협상 등 여러 측면에
적용 가능하다. 일관성을 잃지 않는다면 당신과 고객 모두가 최고의
만족을 얻을 것이다.

최고의 거래를 이끄는 5단계 협상법

1단계 : 제대로 된 마음 자세

　협상에서 제일 먼저 필요한 것은 제대로 된 마음 자세이다. 당신의
제품/서비스가 가격만큼의 가치를 가진다고 진심으로 믿고 있는가?
아니라면 절대로 성공적인 협상이 불가능하다. 제품의 가치를 진정으
로 확신하는 경우에만 다음 단계로 넘어갈 수 있다. 제품이 실제 가치
보다 비싸다고 생각하는 세일즈맨은 계속해서 할인 판매를 할 수밖에
없다.

2단계 : 입장 고수

　상위 20%의 세일즈맨들은 첫 협상에서 절대 무너지지 않는다고 한
다. 잠재 고객의 요구에 굴복하지 않는다는 뜻이다. 간혹 협상을 즐기
는 고객들은 이를 게임처럼 생각하기도 한다. 그런 고객을 만났다면

기꺼이 게임 상대가 되어야 한다. 이런 사람들에게 첫 협상에서 세일 즈맨이 냉큼 값을 깎아주는 것처럼 당혹스러운 일도 없다.

20% 할인을 요구하자마자 선뜻 동의를 얻은 고객은 어떤 생각을 할까? 처음 제시된 가격이 부풀려졌다는 생각, 그리고 더 많이 할인을 요구했어야 했다는 생각이리라. 그리고 다음번에는 틀림없이 그렇게 할 것이다. 세일즈맨 입장에서는 전혀 반갑지 않은 결과이다. 가격 할인을 요구하는 고객에게 굴복하는 대신 다음과 같이 답해보라.

- "가장 합리적인 구매를 추구하신다는 점은 인상적입니다만, 제가 제시한 가격은 이미 가장 합리적인 수준입니다."
- "비용을 낮추고 싶은 마음은 이해합니다만, 저희 가격은 이미 충분히 경쟁력이 있습니다. 더 낮춰드릴 수는 없군요."
- "할인이라고요?"(놀랐다는 투로)

협상 과정에서 이 두 번째 단계는 당신의 확신이 흔들릴지 모르는 지점이다. 협상에서 승리하려면 잠재 고객에게 최저 가격을 제안하고 있다는 점을 확신할 수 있어야 한다.

여러 해 전 런던에서 일할 때 내가 만난 어느 고객은 보험료를 10% 깎아달라고 요구했다. 보험료는 어느 경쟁사보다도 낮은 수준이었고, 그때까지 한 번도 할인 요청을 받은 적이 없었던 터라 나는 깜짝 놀란 나머지 "네?"라고 되물었다. 미숙하기 짝이 없는 대처였다. 하지만 고객은 바로 "아, 아닙니다. 한번 얘기는 해봐야 한다고 생각했거든요"라고 말한 뒤 제값을 치르고 돌아섰다.

4부 설득 & 협상 243

아마도 어림잡아 전체 고객의 절반 정도가 '한번 얘기는 해봐야 한다'고 생각하는 것 같다. 그런데도 세일즈맨의 절반 정도는 거기에 바로 넘어가 값을 깎아주고 만다. 결국 세일즈맨이나 고객 모두가 패배하는 게임이 되는 것이다. 회사는 이윤 손실을 보고, 세일즈맨은 수당 손실을 보며, 고객은 협상 게임을 김 빠지게 한 세일즈맨에 대해 얼마간은 찜찜한 느낌을 가지고 돌아선다. 이런 상황을 막으려면 어떻게 입장을 고수해야 할지 연구하고, 사전에 연습해야 한다.

3단계 : 반복

2단계에서 제시한 답변을 했는데도 또다시 할인을 요청하는 고객들도 있다. 하지만 그들 대부분은 정말로 이것이 최저 가격인지, 혹시라도 할인의 여지는 없는지 확인하고 싶을 뿐이다. 당연히 이런 경우 처음 입장을 고수해야 한다. 가장 좋은 가격 조건이라는 점을 납득시키고, 그 동안의 협상에 들였던 시간과 에너지를 상기시키도록 하라.

- "벌써 6개월째 이 프로젝트를 진행시켜왔습니다. 가격 합의가 안 되어 더 이상 진전되지 못하는 상황은 만들지 않았으면 합니다."
- "가격 조건에 까다로우시다는 것을 감안해 이미 최고로 좋은 가격을 제시했습니다. 이것이 혹시라도 예산에 맞지 않다고 하시면 대단히 유감입니다."

세일즈맨이 이렇게 입장을 고수하면 대략 20% 정도는 이 단계에서 거래가 이루어진다. 2단계에서 거래가 마무리되는 경우를 40%라고 보면 총 60%가 할인 없이 진행되는 것이다. 하지만 3단계까지 오는 동안 굴복하고 마는 세일즈맨이 80%라는 점은 참으로 애석한 일이다.

4단계 : 다른 혜택 제시

당신의 잠재 고객이 나머지 40%에 속한다면, 그리하여 계속 할인을 요구한다면 무료 배송, 추가 매뉴얼이나 교육 기회 등 다른 혜택을 대신 제안할 수 있다. 그 혜택은 비즈니스나 시장, 고객 특성에 맞아야 한다. 제공 가능한 혜택 목록을 미리 만들어두고 협상 과정에서 선택하는 것도 좋다. 불꽃 튀는 협상 과정에서 창의적인 생각은 잘 안 떠오를 수도 있으니 말이다.

5단계 : 최종 방어

고객이 끝까지 할인을 요구하는 경우 거래를 위해 어쩔 수 없이 할인 혜택을 주어야 할 때도 있다. 하지만 그 전에 다음 질문을 던져보라. "5% 할인이 왜 그렇게 중요하신가요?" 답변에 따라 결제 조건 등을 바꿔주면 제값을 받으면서 고객도 만족하는 결과를 얻을 수 있을지 모른다. 그 질문을 던진 후에도 가격 할인을 피할 수 없다면 다음 두 원칙을 따르라.

● 반대급부 없이 가격을 깎아서는 안 된다 : 다음번 거래에서 고객이 또다시 무작정 할인을 요구하지 않도록 하기 위해 꼭 필요한 조치이다. 업종이나 시장에 따라 다르겠지만 여기서 말하는 반대급부는 사용 후기 제공, 복수나 대량 구매, 잠재 고객 소개, 현금 결

제 등을 들 수 있을 것이다. 이때에도 사전에 가능한 반대급부 목록을 만들어두면 신속하고 효과적으로 협상을 진행할 수 있다.

- 가격 할인이 거래를 위한 유일한 요구조건이라는 점을 확인한다 : "원하시는 가격 할인이 승인을 받을 수 있을지 모르겠습니다만, 승인이 난다면 바로 계약하시는 거지요?"라고 물어보라. 가격을 깎아주었는데 고객이 또 다른 혜택을 요구하고 나선다면 최악의 상황이 되기 때문이다. 질문을 던지고 확인함으로써 협상 조건을 분명히 해야 한다.

물론 이러한 5단계 과정이 쉽지는 않다. 부단한 연습과 훈련이 필요하다. 하지만 노력한다면 협상은 더 쉽고 자연스러우며, 효율적으로 흘러갈 것이다. 무엇보다 중요한 것은 계약을 따내기 위해 값부터 깎아주는 경우가 확 줄어든다는 데 있다.

Note

콜린 프랜시스 Francis, **세일즈 교육 회사 인게이지 셀링 솔루션**Engage Selling Solutions **대표**
콜린 프랜시스는 생명보험 및 기술 분야에서 세일즈맨으로 활약하다가 세일즈 교육 회사를 창업했다. 각 기업의 상위 20% 세일즈맨들이 영업하는 방식을 조사, 정리하여 특별한 성공의 공식을 만들기도 했다.

깎아주느냐, 마느냐

햄릿은 "사느냐, 죽느냐, 그것이 문제로다"라고 중얼거렸다. 만약 그가 세일즈맨이었다면 "값을 깎아주느냐, 마느냐, 그것이 문제로다"라고 말하지 않았을까?

가격 협상은 대부분의 세일즈맨에게 가장 힘겨운, 그리고 영원히 끝나지 않을 도전이다. 판매 성공을 원하는 세일즈맨의 입장에서 가격 할인은 크나큰 유혹이다. 하지만 제품/서비스가 제값을 충분히 받을 만큼 훌륭하다면 어떻게 해야 할까?

내 경험으로 보면 고객의 가격 할인 요구를 거절하는 핵심적인 이유는 두 가지이다. 첫째, 이윤이 남지 않는 판매는 하나마나이기 때문이다. 제살 깎아먹기 식 할인 때문에 망해 사라진 기업이 얼마나 많은가. 수익성은 판매량보다 훨씬 더 현실적인 성공 지표이다.

둘째, 가장 많은 비용을 지불한 고객이 가장 만족하는 법이기 때문이다. 왜냐고? 자기 투자의 가치를 인정하기 때문이다. 알고 보면 구매자들은 비싼 물건이 더 가치 있다고 믿는다. 메르세데스 벤츠나 롤렉스, 조르지오 아르마니를 생각해보라. 정가를 다 치른 고객의 만족도가 늘 가장 높다. 할인을 받은 고객은 그에 비한다면 상대적으로 덜 만족한다.

언제든 협상장을 떠날 수 있다

화술 교육 사업을 시작한 직후 나는 〈포춘〉지 선정 500대 기업에 들어가는 회사의 관리자인 수전에게서 전화를 받았다. 핵심 직원들에게 협상 기법을 교육시켜달라는 것이었다. 무려 5천만 원 상당의 계약 건이었으므로 속으로는 뛸듯이 반가웠다.

계약서를 팩스로 보내려는 찰나에 다시 수전이 전화를 걸어왔다. "사장님은 더 낮은 가격을 제시한 다른 교육 회사를 선호하시네요. 혹시 가격 할인이 가능하시다면 모르겠습니다만."

협상 전문가인 내가 고전적인 협상 딜레마에 봉착한 셈이었다. 나는 간절히 계약을 원했다. 하지만 계약을 따내기 위해 가격을 조정해야 하는 것일까? 신중하게 고민하면서 나는 몇 가지 시나리오를 만들어 보았다.

- 고객 회사는 진실을 말하고 있다. 가격을 낮출 경우 경쟁 회사를 물리치고 기회를 잡을 수 있다.
- 경쟁 회사 따위는 아예 없다. 고객 회사는 비용을 낮추기 위해 압

박 전술을 사용하고 있다.

- 이건 내 협상 능력을 테스트하는 것인지도 모른다. 내가 과연 협상을 가르치는 데 적당한 사람인지, 이런 상황에서 어떻게 대응하는지 확인하려는 것이다.
- 고객 회사는 이미 경쟁 회사와 계약하기로 결정했다. 하지만 나를 이용해 그쪽의 가격을 낮출 작정이다.

이런 상황에서 당신이라면 어떻게 하겠는가? 애초의 가격을 고수하겠는가, 아니면 낮추겠는가?

소신 있게 행동하기

나는 업계의 다른 잠재 고객들을 고려해 최종 결정을 내렸다. 가격을 낮춘다면 내가 제공하는 교육 서비스에 대한 인식 또한 낮아질 것이었다. 반면 가격을 고수한다면 향후 수전의 회사와 다시 거래할 기회가 왔을 때 가격 협상에 휘말리지 않을 것이었다.

나는 전화를 걸어 정중히 거절 의사를 밝혔다. "대단히 죄송합니다. 함께 일할 수 있다면 더할 나위 없이 기쁘겠지만 저희 요율의 일관성을 무너뜨릴 수는 없습니다. 만약 할인을 해드렸다가 다른 고객들이 그 사실을 안다면 몹시 곤란해질 테니까요."

일주일 후 수전은 다시 전화를 해와 경쟁사에게 교육을 맡기기로 했다고 알렸다. 나는 언제든 필요하면 전화해달라고 대답했다. 다시 2주가 지났을 때 수전은 경영진이 마음을 바꿔 내게 일을 맡기는 것으로 결정했다고 알렸다.

첫 세미나가 끝나고 나는 수전과 마주 앉아 그간의 의사결정 과정에 대해 이야기를 나누게 되었다.

"다른 교육 회사와 정말로 계약을 하려고 하셨던 건가요?"

"네. 그 회사는 첫 세미나를 무료로 하겠다고 제안했어요."

"무료로요! 정말 대단하네요. 그런데 왜 그 제안을 거절하신 거죠?"

"무료로 제공되는 세미나라면 그것의 가치 또한 가격만큼일 것이라고 생각했지요."

고맙게도 고객 회사는 내 교육 프로그램이 더 가치 있을 것이라 판단해주었다. 여기서 교훈은 분명하다. 가격에 자신이 있다면, 그리하여 할인하느니 차라리 판매하지 않겠다고 나간다면 잠재 고객도 가치를 인정하게 된다. 늘 그렇듯 이 방법이 항상 성공한다는 보장은 없다. 하지만 성공률은 충분히 높다. 물론 성공하기 위해서는 끊임없이 변화 발전을 모색해야 할 것이다.

핵심은 이것이다. '언제든 기꺼이 협상장을 떠날 수 있도록 하라' 라는 대원칙을 기억하라는 것이다. 세일즈맨이 이 원칙을 견지하려면 믿을 만한 보유 고객이 여럿 있어야 한다. 그래야 "다음에 찾아주십시오" 라는 마법의 한마디가 가능하다.

Note

에드 브로도우, 협상 전문가

에드 브로도우는 '제시카 랭과 연애했던 유일한 협상 전문가' 라고 스스로를 소개하곤 한다. 12년 동안 배우로 활약한 후 세일즈맨, 경영자, 협상가로 변신한 그는 마이크로소프트 등 유명 기업에서 협상 기법을 가르쳤다.

당신의 가치를 제대로 인식하는 것

　잠깐! 헐값에 최고의 제품을 넘겨버리려는 참인가? 지금까지 내가 함께 일해본 회사들은 모두 대단한 장점을 지니고 있었다. 다만 고객들의 눈에 좀처럼 보이지 않는 장점이라는 것이 문제였다. 기업 특성, 업무 처리 특성, 가용 자원 등 '감춰진 장점'은 경쟁 상황에서 강력한 판매 요소로 작용할 수 있다. 이들 자산은 청구서에 나타나지 않고, 따라서 고객이 이에 대한 비용을 치를 필요도 없다. 때문에 일부러 알려주지 않는다면 고객들은 제품/서비스의 완전한 가치를 끝까지 깨닫지 못하게 된다.

가격을 깎아주기 전에 체크할 것들

　당신의 감춰진 장점은 무엇인가? 기업인이라면 사업의 동기, 추진력, 경험, 서비스 정신 등이 될 것이다. "언제든 필요하면 전화하십시오"라고 말하는 순간 당신은 "여기 제 휴대전화 번호가 있습니다. 새벽 2시에 전화하신다 해도 기꺼이 도와드리겠습니다"라는 마음을 파는 것이다.

새로운 기술이나 기법을 익히기 위해 쓴 시간은 어떤가? 당신의 고객에게 그 시간은 구매 이전부터 획득하는 가치가 된다. 당신 뒤에 버티고 있는 구매 지원팀도 있다. 고객의 요청에 답하기 위해 "저희 팀과 논의해 해결책을 찾아보겠습니다"라고 말한 적이 있지 않은가? 서비스팀이나 엔지니어 역시 고객에게 제공되는 자산이다. 경영이나 조직 운영에 대하여 축적된 지식도 있다. 회사 대표의 경험과 인맥 또한 고객에게 대단히 큰 도움이 된다.

당신은 가치를 드러내기 이전부터도 가격 협상을 시작할 수 있다. 스스로를 싼값이면 무조건 좋아하는 소비자로 인식하는 사람은 거의 없다. 심지어 특별 할인만 강조하는 세일즈맨을 경멸한다는 사람도 있다. 그렇다면 이런 고객과 당신은 특별한 연대를 형성할 수 있다.

예컨대 "값을 더 주고 가치 있는 것을 구매하려는 사람도 있고, 무조건 깎으려 드는 사람도 있지요. 고객께서는 어떤 편이십니까?"라고 물어보는 것이다. 그럼 대부분은 자기가 중간쯤이거나 위쪽이라고 대답할 것이다. 바로 그때 "저희 제품이 바로 그 가치 있는 제품입니다"라고 말하며 공감을 표시하라. 사실 가격은 그것 하나만으로는 별 논란거리가 없다. 그보다 사람들은 자기가 믿을 만한 상대와 거래한다는 것, 내는 돈만큼의 가치를 얻게 된다는 것을 확인하고 싶어 한다.

어느 선배는 내게 "눈에 띄고 주목을 끌도록 하라"고 조언한 바 있다. 고객이 당신 제품/서비스의 가격을 다른 것과 비교하기 시작하면 상황은 둘 중 하나이다. 제품 사이에 별 차이가 없다고 여기거나, 마음은 이쪽이지만 가격에 대해 스스로에게 충분히 정당화시키지 못했거나……. 고객은 자기가 최고의 구매를 해냈다고 느끼고 싶어 할 뿐인지도 모른다.

최고의 세일즈맨은 최종 마무리 단계에서는 가격 저항 문제에 별로 부딪히지 않는다. 가치 판매를 우선으로 두며 가격 문제는 일찌감치 설득해두었기 때문이다. 하지만 감춰진 장점을 알지 못하는 고객은 좀처럼 가치에 동의하지 못할 것이다. 눈에 띄고 주목을 끌고 싶다면 헐값 판매를 중단하고 당신의 가치와 장점, 이점을 부각시키는 작업을 시작하라.

Note

조 구어틴Guertin, 세일즈 교육 전문가, 구어틴 그룹 대표
조 구어틴은 25년 동안 세일즈 경험을 쌓은 베테랑이다. 현재 신규 비즈니스 개발과 고객 관리를 전문으로 맞춤형 세일즈 교육을 제공하는 구어틴 그룹을 이끌고 있다.

57 유머가 곧 돈으로 연결된다

세일즈에서 가장 자주 만나는, 그러면서도 넘기 어려운 장애물은 뭐니뭐니 해도 가격 저항이다. 순조롭게 이어지던 대화도 일단 숫자가 등장했다 하면 뚝 끊기고, 열성적이던 잠재 고객은 어느새 뒤돌아 사라지고 만다. 이 문제를 어떻게 다룰 것인가.

세일즈 과정의 모든 단계에서 유머는 아주 효과적인 도구이다. 유머라고 해서 과장되게 떠벌이거나, 멍청하게 굴어야 한다는 뜻은 아니다. 상황에 맞춰 살짝살짝 양념을 보태주는 것으로도 상대의 호감을 사고 좀더 의미 있는 관계를 맺을 수 있다. 이렇게 되면 고객은 더 관심 있게 당신 이야기를 들어줄 것이고, 혹시 문제가 발생하는 경우에도 좀더 쉽고 매끄럽게 넘어갈 수 있다.

유머에 능숙하지 못해 걱정이라고? 꼭 기발한 농담을 만들어야만 하는 것은 아니다. 우스운 말을 인용해도 좋고, 한 컷 만화를 보여주거나 이야기를 들려주어도 좋다.

비즈니스 현장에서 유머는 분위기를 조금 띄우는 정도의 역할이다. 괜히 유머를 구사한답시고 누군가를 언짢게 해서는 안 된다. 성 차별이나 인종 차별, 종교 문제 등 반감을 불러일으키는 유머는 당연히 삼가해야 한다. 유머를 구사하는 것에 대해 몇 가지 원칙을 소개하면 다음과 같다.

웃음을 유발하는 다섯 가지 원칙

개인적인 경험담을 활용하기

가장 생생한 유머는 생활에서 끌어낸 것이다. 개인적인 경험은 기억하기도 쉽고 이야기하기도 부담이 없다. 살짝 자신을 깎아내리는 것도 괜찮다. 예를 들어 잠재 고객이 자녀를 키우는 부모일 때 나는 우리 딸 이야기를 한다. 언젠가 내가 학부모 일일 교사를 맡게 되었을 때 딸아이가 "칼럼니스트 겸 전문 강연자라니 너무 지루해 보여요. 약사인 척하면 어때요?"라고 투덜거렸던 일화를 들려주는 것이다.

자료를 수집하라

나는 가끔 책이나 잡지를 뒤적거리며 재미있는 이야기를 찾곤 한다. 세일즈에 관련된 만화도 모아 두었다가 잠재 고객에게 설명하거나 보여주거나 한다. 이야기하면서 효과를 높여줄 카드나 엽서, 스티커, 포스터 등도 수집한다.

뉴스도 눈 여겨 보았다가 대화를 시작할 때 사용하면 좋다. "신문에서 이런 기사 보셨어요?'라는 말의 효과는 생각보다 크다. 예를 들어 나는 다음 기사를 읽고 깔깔 웃은 적이 있다. 2005년 2월, 몬태나의 공화당 클럽에서 연설하게 된 부시 대통령은 전 가족을 동반했다. 막내 아들 팀만 빼고 말이다. "치과 약속이 잡혀 있었거든요"라는 것이 이에 대한 부시의 설명이었다.

소도구를 활용하라

적절한 소도구는 세일즈 설명을 한층 재미있게 만들어준다. 나는 장난감 가게에서 산 너비 25센티미터의 챔피언 벨트를 종종 활용하곤 한다. 회색 정장 안에 그 벨트를 하고 앞에서 이야기를 하다가 경쟁에서 승리하는 대목이 나오면 윗옷을 열어젖히는 것이다. '중대한 실수'라고 쓰인 커다란 지우개로도 폭소를 유발한다.

유머를 섞어 가격 언급하기

가격을 언급할 때가 되면 나는 "총액은 143,827,460원에 불과합니다"라고 말하곤 한다. 그럼 늘 웃음이 터지면서 잠재 고객이 긴장을 누그러뜨린다.

자기 약점을 이용하라

무언가를 써 보이다가 철자가 틀렸다면 "손 글씨가 깔끔하지 않아 다행이군요. 지우고 고쳐 써도 별로 표가 안 나니까요"라고 덧붙여 보라. 잠깐 생각의 흐름을 놓쳤다면 손발이 조금 오그라들더라도 "어쩌나, 제 마음이 이리저리 헤매다가 결국 나가버렸나 봐요"라고 말하면 어떨까.

강력하게 끝내기

꼭 당신에게서 그 제품을 당장 사야 하는 이유 열 가지를 제시해보라. 무사히 거래를 이끌어낼 확률이 높아질 것이다.

개그, 나를 깎아내리는 유머, 유치하다고 볼 수도 있는 소도구가 고객의 마음을 편안하게 하고 세일즈 성공을 도와준다. 자신에게 유머감각이란 눈곱만큼도 없다고 생각한다면 유머 모음집이나 만화를 찾아 읽어라. 가능한 한 많은 유머를 머릿속에 집어넣다 보면 조만간 자연스럽게 활용될 때가 올 것이다. 유머가 곧 돈으로 연결된다는 것을 기억하라.

Note

미셸 니콜스Nichols, 세일즈 전문 강연자 겸 칼럼니스트
미셸 니콜스는 기술 부품 및 서비스 세일즈 분야에서 10년 이상 일해왔고, 직접 두 회사를 경영하기도 하였다. 〈비즈니스 위크 온라인〉에 고정적으로 칼럼을 기고하고 있다.

58

'얼마만큼' 이 아니라
'어떻게' 깎아줄 것인가

고객과 협상하면서 이익을 좀더 남기고 싶은가? 그럼 당연히 양보를 덜 해야 한다! 가격 할인은 협상 과정에서 필수적인 요소이다. 약간만 양보하고도 상대가 협상에 성공했다고 여기게끔 만드는 것이 비결이지만, 대다수 세일즈맨들은 거래 성사에만 매달린 나머지 너무 많은 양보를 하고 있다. 이는 '얼마만큼 깎아주느냐는 어떻게 깎아주느냐에 달려 있다' 는 기본적인 협상 원리를 모르기 때문이다.

중고차를 판매한다고 하자. 일단 2천 5백만 원을 불렀지만 내심으로는 1천 5백만 원만 되면 팔겠다는 생각이다. 1천만 원의 여지가 있는 셈이다. 이 사례를 통해 세일즈맨들이 자주 저지르는 실수를 짚어보자.

가격 협상의 나쁜 예

상대를 시험하기 위해 일단 아주 조금만 깎아주는 것

상황을 파악한다는 생각에 우선은 아주 조금만 깎아주는 경우이다. 숙련된 협상가들조차 이런 실수를 저지른다. 하지만 이 전략은 협상이 진행될수록 더 많이 양보하게 되기 십상이다. 처음에 "이 가격에서 1백만 원을 깎아드릴 수 있습니다. 그게 한계입니다"라고 말했다고 하자. 그러나 고객이 그 제안을 거절하면 '생각처럼 일이 쉽지 않겠는걸'이라고 생각하고 다시 2백만 원의 할인을 제안한다. 여전히 고객은 받아들이지 않는다.

다음번에는 3백만 원을 부르지만 마찬가지다. 이제 협상 폭은 4백만 원이 남았을 뿐이다. 마지막 제안에서 결국 4백만 원을 다 부르게 된다. 그래도 고객이 구매 결정을 내리지 않는다면? 거래를 포기하거나 출혈 판매를 해야 한다. 작은 금액으로 시작해 점점 큰 액수를 부르는 경우 고객은 점점 더 많은 할인을 기대하게 된다. 기다리면 기다릴수록 값이 싸지는데 누가 구매 결정을 내리겠는가?

동일한 액수만큼씩 깎아주는 것

같은 값으로 두세 번 할인을 제안하는 상황이다. 협상의 여지가 1천만 원이라고 하면 250만 원씩 나눠 네 번 협상을 시도할 수 있다. 이 방법 또한 고객에게만 이익이다. 더 할인해달라고 요청할수록 250만 원씩 내려가니 고객은 끝없이 요청을 반복할 것이다.

마지막 할인 폭을 크게 제시하는 것

이번에는 처음에 6백만 원의 할인을 제안하고, 두 번째이자 마지막으로 4백만 원의 추가 할인을 제시하는 경우이다. 이 두 번째 할인에는 "이게 마지노선입니다. 더 이상은 100원도 안 됩니다"라는 말을 덧붙일 것이다. 여기서 문제는 4백만 원 또한 최후의 협상 카드로는 너무 큰 금액이라는 데 있다. 처음에 6백만 원, 다음에 4백만 원을 깎은 고객은 1백만 원쯤은 얼마든지 더 깎을 수 있다고 여길 것이다.

고객이 "자, 이제 마지막입니다. 여기서 1백만 원만 더 깎아주시고 그렇게 결정합시다"라고 말하면 어떻게 하겠는가? 그 이상은 정말 안 된다고, 100원도 안 된다고 대답하겠는가? 그러면 고객은 '4백만 원을 깎아주고서는 단돈 100원도 안 된다니 이건 말이 안 되잖아?'라고 생각할 것이 뻔하다.

아예 처음부터 몽땅 깎아주는 것

1천만 원을 한꺼번에 할인해주겠다고 협상 카드를 내놓는 경우이다. 언제 이런 일이 일어날까?

어제 중고차를 보고 간 고객이 전화를 걸어와 "세 군데에서 차를 보았는데 모두 마음에 들었습니다. 세 곳 중에서 제일 싼 가격을 제시하는 쪽으로 결정하려 합니다. 얼마를 할인해주실 수 있나요?"라고 물었다고 하자. 노련한 협상가가 아니라면 고객을 붙잡으려는 급한 마음에 덥석 1천만 원이라는 협상 여지를 공개해버릴 수 있다. 추가 협상의 가능성을 전혀 남기지 않고 말이다.

또 다른 경우는 '협상하고 싶지 않다'는 작전에 말려드는 것이다.

고객이 찾아와 진지한 표정으로 "저는 본래 질질 끄는 가격 협상을 싫어합니다. 자, 가능한 최저 가격을 불러보십시오. 그러면 제가 그 가격에 살지 말지를 말씀드리겠습니다"라고 말했다고 하자.

어떻게 할 것인가? 이건 거짓말이다. 실제로 그 손님은 협상을 좋아한다. 다만 교과서에도 나온 고전적인 전략을 사용하는 것일 뿐이다. 여기 넘어가면 협상을 시작도 하기 전에 결정적인 양보를 하게 되고 만다.

더 나은 접근

열거한 네 가지 협상 방식은 모두 세일즈맨에게 불리하다. 내가 제안하는 방법은 이렇다. 처음에는 확실히 고객의 구미를 당기게 할 만큼의 할인을 제안하라. 4백만 원 정도면 적당할 것이다. 그리고 더 양보해야 한다면 점점 액수를 줄인다. 두 번째에는 3백만 원, 세 번째에는 2백만 원, 네 번째에는 1백만 원을 깎는 식으로 말이다. 그러면 고객은 가격을 최대한 많이 깎은 만족스러운 거래를 했다는 생각을 갖게 된다.

이 방법의 효과를 확인하려면 자녀들이 용돈을 달라고 할 때 시험해보면 된다. 10만 원을 달라고 하면 "무슨 소리! 내가 너 만했을 때는 일주일 용돈이 5천 원이었어. 자, 5만 원 여기 있다!"라고 답한다. "5만 원은 너무 부족해요"라고 자녀들이 협상을 시도해올 것이다.

그러면 협상을 진행하면서 두 번째로는 6만 원, 세 번째에는 6만 5천 원, 그리고 마지막으로 6만 8천 원을 제시하라. 6만 8천 원쯤 되면 자녀들도 더 이상은 받기 어렵다는 것을 깨닫게 된다. 양보 폭을 좁힘으로써 한계치에 도달했다는 의사를 전달하는 것이다.

오해 없기를 바란다. 협상할 때 무조건 값을 깎아주라는 말이 아니다. 핵심은 거래를 위해 어쩔 수 없이 할인 혜택을 주어야 하는 경우라면, 깎아주는 방식이 고객의 마음속에 어떤 기대를 만들어내는지 기억해야 한다는 것이다. 균일한 액수의 할인을 반복하거나, 협상이 거듭되면서 할인 액수가 오히려 더 커진다면 고객은 더 많이 깎으려 들게 마련이다. 우리는 할인 폭을 점점 좁혀나가면서 고객이 최고의 협상을 해냈다는 만족감을 느끼도록 만들어야 한다.

Note

로저 도슨Dawson, 협상 훈련 전문가
로저 도슨은 1982년부터 협상 훈련 회사인 파워 니고시에이팅 인스티튜트Power Negotiating Institute를 설립, 운영해왔다. 전문 강연자이자 작가이기도 하다.

5부

완벽 세일즈 기법

: 세일즈는 과학이다

세일즈 마무리 단계에서 마법 따위는 없다. 세일즈의 마무리는 단순히 행동 하나, 대사 하나로 결정되는 것이 아니라 오랜 과정에 걸쳐 치밀하게 축적된 결과이다. 공유된 목표에 상대가 온전히 참여하도록 만드는 것이다. 세일즈 과정의 최종 목적은 잠재 고객이 거래를 위해 세일즈맨을 부르게 만드는 것이다. 제대로 관계가 형성되었다면 이는 당연한 수순이다. 자, 어떻게 해야 이런 성공적 마무리의 비율을 높일 수 있을까?

59

승자는 어떻게 세일즈하는가

지금 세일즈맨인 당신이 이 책을 읽는 동안 아마도 당신 고객 회사의 직원들은 세일즈맨을 최대로 활용하는 법에 대해 연구하고 있을 것이다. 오늘날 구매자들은 과연 그 어느 때보다 힘이 세고 지식도 많다. 게다가 매일같이 구매 능력을 갈고 닦는 중이다.

더욱이 인터넷이 등장하며 공급자가 넘쳐나는 상황에서 세일즈맨이 덫에 걸릴 위험은 훨씬 커졌다. 그 중에서도 가장 위험한 세 가지 덫, 즉 전화를 통한 가격 문의, 불쑥 날아오는 제안서 요청, 가격으로만 결정되는 거래에 어떻게 현명하게 대처할지에 대해 살펴보자.

세 가지 덫

전화를 통한 성급한 가격 문의

"따르릉."

"세일즈 트레이닝 컴퍼니입니다. 무엇을 도와드릴까요?"

"안녕하세요? 세일즈맨 450명과 텔레마케터 62명을 대상으로 한 교육 프로그램 비용이 어떻게 될까요?"

자, 이런 상황에서 어떻게 할 것인가? 냉큼 비용을 제시해야 할까, 말아야 할까? 전화번호를 달라고 하여 생각할 시간을 얻고 다시 전화를 걸면 될까? 일단 가격을 말하고 나면 거기에 묶이게 된다. 그렇게 제시한 가격은 절대 올릴 수 없다. 덫에 걸리는 셈이다.

이때 필요한 것은 추가 정보의 요청이다. 상대가 선뜻 정보를 주지 않는다면 거래 가능성은 희박하다. 하지만 그렇다 해도 이 기회를 최대한 활용할 필요는 있다. 이렇게 말해보는 것은 어떤가. "얼마나 투자하시면 될지 기꺼이 알려드리겠습니다. 그러자면 먼저 확인해야 할 점이 있군요." 그리고 다음과 같은 구체적인 정보를 수집한다.

- 구매 이유를 묻는다. "귀하의 비즈니스 목표는 무엇입니까?"
- 구매 범위와 규모를 묻는다.
- 시간 계획, 행사 계획 등을 확인한다. "언제까지 교육을 마쳐야 하지요?", "그때까지 교육이 끝나지 않으면 어떻게 됩니까?"
- 구매 과정에 대해 묻는다. "최종 결정을 내리기 위해 어떤 단계를 거치게 됩니까?"

- 진짜 의사결정자가 누군지 알아본다. "예산 집행 담당자는 누구입니까?"

정보 수집이 끝난 후에는 다음과 같이 덧붙인다.

"이런 상황이라면 2천만 원에서 3천만 원 정도의 서비스를 권하고 싶군요. 정확한 가격은 제반 조건을 따져봐야 결정할 수 있습니다."

"좀더 정확한 견적을 원하신다면 제가 한번 찾아뵙겠습니다. 의사결정에 관여하는 분들과 함께 만날 수 있도록 주선해주십시오."

이렇게 최저 가격과 최고 가격을 한꺼번에 부르고 나면 협상의 여지가 넓어진다.

불쑥 날아오는 제안서 요청

"우편물이 왔다고요? 아, 제안서 요청이군. 얼마나 상세히 써야 하지?" 이때 제안서를 써서 보내야 할 것인가, 말 것인가? 이 경우에도 조금 깊이 생각해보자. 제안서 요청을 한 회사는 어떤 상황일까?

- 구매 계획이 있는 회사가 견적을 요청하는 상황
- 당신의 경쟁자가 자기의 제안서를 쓰면서 참조하려는 상황
- 컨설턴트가 자기 제안서를 쓰면서 참조하려는 상황
- 자금이 확보되지 않은 계획 단계에서 참조하려는 상황
- 기존의 거래선을 유지하되, 조건을 유리하게 변경하기 위해 참조하려는 상황
- 기존의 거래선을 유지할 작정이지만 세 곳 이상의 제안서가 필요

한 상황

    기존 고객에게서 제안서 요청이 오는 일도 드물지 않다. 이는 당신의 거래가 끊길지 모른다는 첫 신호이다. 내 친구 조지의 경험을 살펴보자면 이렇다. 조지는 회사의 담당 업무 개편에 따라 동료 세일즈맨에게서 A라는 고객 회사를 넘겨받았다. A사와 접촉을 시작한 지 얼마 되지 않아 제안서 요청이 날아왔다. A사의 지사 세 곳에 소프트웨어를 어떤 조건으로 공급할 수 있는지 답변을 요구하는 제안서였다.

    조지는 의혹을 품었다. '이전에 제안서를 보낸 적이 없잖아. 전임자도 마찬가지고. 제안서 요청에 포함된 질문 480개는 조지의 제안서 양식과 매우 비슷했지만, 조지의 것은 분명 아니었다. 그 제안서 요청은 결국 조지의 경쟁자가 보낸 것으로 밝혀졌다. A사 내부인의 지원을 받는 경쟁자가 조지의 제품을 선택하지 않아야 할 이유를 제시하기 위한 밑자료로 조지에게 제안서를 요청했던 것이다.

    뛰어난 세일즈맨이었던 조지는 본능적으로 이상한 낌새를 눈치 챈 셈이었다. 그는 제안서 양식의 파일 정보를 찾아들어가 결국 누가 양식을 만들었는지 알아냈다. 경쟁사 마케팅 부서의 작품이었다.

    조지는 A사의 기술 담당 이사에게 바로 찾아갔다. 기술 담당 이사는 자신은 아무 상관이 없으며, 평가 과정에도 문제가 없다고 하였다. 수차례 전화와 설전 끝에 조지는 입찰에 참여하지 않기로 결정했다. 어차피 승산이 거의 없었던 것이다.

    실제로 이런 일은 거의 매일이다시피 일어난다. 그러므로 기존 거래처에서 갑자기 제안서 요청이 온다면 경쟁자의 정보 수집이 아닌지

의심해볼 필요가 있다.

작년 한 해 동안 갑자기 날아온 제안서 요청을 통해 얼마나 많은 거래가 성사되었는지 생각해보라. 이를 바탕으로 앞으로 이런 요청에 어떻게 대응하고, 여기에다 얼마나 시간을 투자할지 결정할 수 있다. 제안서를 쓰게 된다면 잠재 고객에게 접근하고 정보를 얻기 위한 수단으로 삼아라. 접근이나 정보 수집 모두를 기대하기 어렵다면 아예 처음부터 무시하라. 이길 수 없는 게임에 뛰어들 필요는 없다.

제안서 요청을 받았을 때도 우선 정보가 좀 필요하다고 말하고, 앞서 소개한 것과 같은 질문을 제기하라.

- 구매 이유 : "귀하의 비즈니스 목표는 무엇입니까?"
- 구매 범위 : "어느 정도의 규모로 구매하실 예정입니까?"
- 시간 계획, 행사 계획 등 : "언제까지 필요하시지요?"
- 구매 과정 : "어떤 단계를 거치게 됩니까?"
- 의사결정자 : "예산 담당자는 누구입니까?"

이제 상대의 견적 요청이 어떻게 해서 나온 것인지 추리하면서 다음과 같이 말해보는 것이다.

- 세일즈맨 : "의사결정자나 예산 담당자를 만나고 싶습니다."
- 잠재 고객 : "그건 곤란합니다", 혹은 "왜 그러시죠?"
- 세일즈맨 : "저희 제품을 사용하는 고객이 3천 명이 넘습니다만, 한 분 한 분마다 기대와 생각이 달랐습니다. 처음부터 결정권을

가진 분과 의견을 나누게 되면 시간도 절약하고, 실수도 방지할 수 있다는 게 저희 생각입니다."

가격으로만 결정되는 거래

가격만 고려되는 거래에 뛰어들게 되었는데 당신이 최저 가격을 제시할 수 없는 입장이라면, 다음 사항을 검토하라.

● 누가 거래에 참여하고 있는가? 경쟁자가 제시하는 최저 가격은 적절한 비즈니스 모델로 뒷받침되고 있는가?
● 경쟁자들은 어떻게 경쟁하고 있는가? 거래를 따내기 위해 막판에 가격을 깎을 가능성이 있는가?
● 잠재 고객 회사의 기업 문화와 역사는 어떤가?

이제 잠재 고객의 진짜 의사결정자를 만나 물어보라. "이 거래는 가격만으로 결정되는 겁니까?", "저희는 가장 낮은 가격을 제시하지 못합니다. 그래도 고려하실 가능성이 있습니까?", "저희가 다른 경쟁자에 비해 뚜렷한 차이가 있고, 추가 비용을 보상하고 남는다 해도 고려 대상이 되지는 못하는 걸까요?" 단, 질문할 상대를 가려야 한다. 하급 직원이 답하는 Yes는 진짜 Yes가 아니다.

물러서야 할 때

다음과 같은 경우 나는 비즈니스 기회를 깨끗이 포기하고 물러난다.

- 잠재 고객이 접촉이나 정보 제공을 거부할 때
- 진짜 의사결정자에게 접근할 수 없을 때
- 잠재 고객이 컨설턴트와 같은 제3자를 통해서만 연락하려 할 때. 단, 제3자에게 편견이 없고 시간이 지나면서 직접 연락이 가능한 상황이라면 예외이다.
- 잠재 고객이 경쟁자의 제안서와 기본적으로 같은 양식의 제안서를 요청해올 때
- 소모품 입찰이고, 경쟁자가 상상하기 어려울 정도로 낮은 가격을 제시하고 있을 때

치열한 세일즈 상황에서는 당신도 역시 치열해져야 한다. 당신만의 장점이 많다는 점을 기억하라. 기회의 실체를 파악하고 적절히 대처해야 한다. 실체를 모르고 덤비면 귀중한 시간과 노력만 낭비하게 된다. 실체 파악을 위해 때로는 단도직입적으로 물어볼 줄도 알아야 한다. 가능성 없는 기회라 판단되면 당장 빠져나오라. 그리고 이길 수 있는 기회를 모색하라.

Note

데이비드 스타인 Stein, **ES 리서치 대표**
데이비드 스타인은 비즈니스 전문가로, 베스트셀러 《승자는 어떻게 판매하는가 How Winners Sell》를 집필하기도 하였다.

경쟁 전략 수립의 노하우 ⑥⓪

경쟁자에 대한 정보를 얻기 위해 세일즈맨은 신문, 잡지, 박람회, 인터넷, 홍보자료 등 다양한 방법을 이용한다. 그러면서도 가장 효율적인 방법은 간과하기 쉽다. 바로 고객에게 직접 물어보는 방법 말이다.

대부분의 세일즈맨이 고객에게 경쟁 상황을 직접 묻지 못하는 이유는 무엇일까? 적절치 못한 질문이라고 생각하는 경우도 있고, 부정적인 얘기를 듣게 될까 봐 두려워하는 경우도 있다. 고객의 요구를 파악하느라 바빠 잊어버리기도 한다. 이렇게 경쟁 상황에 대한 질문은 세일즈 대화에서 핵심적이지만, 정작 그 중요성에 대해서는 제대로 깨닫지 못하는 것 같다.

사실 제대로 묻기만 한다면 대부분의 고객들은 경쟁 전략 수립에 필요한 중요한 정보를 얼마든지 알려준다. 대답을 거부하는 고객은 극소수에 불과하다. 그런 경우라도 "경쟁사 이름을 언급하기는 어려우시군요. 그렇다면 이름을 빼고 의견을 주시면 어떨까요?"라고 다시 물어볼 수 있다. 경쟁자에 대해 알아보기 위한 좀더 구체적인 전략은 다음과 같다.

경쟁자에 대해 직접 물어보라

적절한 시점을 선택하라

너무 초반부터 경쟁자에 대해 묻는 것은 당연히 좋지 않다. 먼저 고객의 목표, 필요, 현재 상황을 파악하고 거래를 제안하라. 이후 고객의 선택 기준을 확인하면서 경쟁자에 대해 묻는 것이 가장 좋다. 그러면 고객의 혜택을 극대화하기 위해 경쟁 상황을 확인한다는 식의 질문이 가능해진다.

예를 들면 "현재 저 외에 누구와 논의를 하고 계시는지 알려주시면 제가 고객님의 상황을 더 잘 판단할 수 있겠군요"라고 말하는 것이다. 이때 고객이 경쟁사의 이름을 알려준다면 더 파고들 기회가 온 것이다.

파고들어라

일단 경쟁자의 이름이 나왔다면 세부 내용을 파고들어라. 경쟁자가 어떤 면에 초점을 맞춰 어떤 제안을 내놓았는지, 그에 대한 고객의 의견은 어떤지 등등……. 경쟁자의 제안과 비교하며 당신의 제안을 다시 제시한 뒤 세부 사항을 짚어나가라. 경쟁자가 누구와 만나 어떤 관계를 맺었는지도 파악해야 한다.

이런 질문은 당면한 세일즈뿐 아니라 향후의 세일즈를 위해서도 귀중한 자료가 된다. 하지만 고객이 답변을 꺼려한다면 유연하게 대처해야 한다.

다양한 관점을 확보하려면 고객 회사의 다른 지인을 통해 경쟁 상황에 대한 정보를 추가로 수집할 수 있다. 이를 통해 잠재 고객으로부터 경쟁자의 제안이 썩 마음에 들지 않는다는 답변을 들었다 해도, 다른 지인을 통해 경쟁자가 지렛대로 활용되는 상황임을 알게 될 수 있다. 그렇다면 그 정보를 활용해 좀더 유리한 비즈니스를 진행하는 것이 가능해진다.

자기 장점을 부각하라

경쟁자가 누군지 알았다고 해서 절대로 상대를 깎아내려서는 안 된다. 대신 경쟁자의 약점을 자연스럽게 드러내는 질문을 던져라. 예를 들어 상대가 배송 면에서 뒤떨어진다면 그에 대해 묻고, 당신의 빠르고 정확한 배송 능력을 부각시키는 것이다. 고객이 미처 생각하지 못했던 부분을 지적할 수도 있다. 이 과정에서 고객의 반응을 꼼꼼히 살피는 것을 잊지 말라.

경쟁 상황에 대해 묻는 가장 큰 이유는 경쟁 전략 수립에 필요한 정보를 얻기 위해서이다. 경쟁자에 관한 정보는 해당 거래뿐 아니라 당신 회사의 향후 전략 수립을 위해서도 매우 중요하다. 누가 경쟁자인지 아는 것만으로는 충분치 않다. 경쟁자의 강점은 무엇인지, 그것을 상쇄하기 위한 이쪽의 제안은 무엇인지, 고객은 경쟁자에 대해 어떻게 판단하는지 등을 면밀하게 분석해야 한다.

누가 경쟁자든 스스로를 과소평가하지는 말라. 경쟁이 불가능하다고 포기해서도 안 된다. 자신감 있는 태도를 유지한 채 질문을 던지고 반응을 꼼꼼히 살펴라. 그 과정에서 경쟁 전략이 만들어져 차별화된 거래 제안을 할 수 있을 것이다.

Note

린다 리차드슨 Richardson**, 세일즈 컨설팅 회사 리차드슨 설립자 겸 대표**

린다 리차드슨은 뉴욕의 은행 교육팀으로 옮겨가기 전에 사립학교 교장을 지낸 특이한 이력을 가진 인물이다. 이 글에서는 경쟁 상황을 새로운 시각에서 볼 수 있는 가능성을 소개하고 있다.

61

세일즈는 과학이다

당신은 마법을 믿는가? 만약 그렇다면 다른 직업을 찾아보는 것이 좋겠다. 세일즈 마무리 단계에서 마법 따위는 없기 때문이다. 어떻게 세일즈를 계약으로 마무리할 것인가에 대해 다룬 책과 세미나는 수없이 많지만, 그 중에는 터무니없는 이야기도 드물지 않다. 가령 주문을 외우면 고객이 주문을 하게 된다는 식이다. 글쎄, 그런 방식이 한두 번 먹힐지는 모르지만 장기적으로 유지되기는 어렵지 않을까?

세일즈의 마무리는 단순히 행동 하나, 대사 하나로 결정되는 것이 아니라 오랜 과정에 걸쳐 치밀하게 축적된 결과이다. 양쪽이 공유하고 있는 목표에 상대가 온전히 참여하도록 만드는 것이다. 세일즈 과정의 최종 목적은 잠재 고객이 거래를 위해 세일즈맨을 부르게 만드는 것이다. 제대로 관계가 형성되었다면 이는 당연한 수순이다. 자, 그럼 어떻게 해야 이런 성공적 마무리의 비율을 높일 수 있을까?

거래 마무리의 순간

"No"라는 대답에 너무 흔들리지 말라

잠재 고객에게서 "No"라는 말은 자주 나오는 법이다. 세일즈를 시작하자마자 나오기도 하고, 마무리 단계에 들어섰을 때도 불쑥 등장할 수 있다. 그건 "No"가 위험부담이 가장 낮은 대답이기 때문이다. 거래하겠다는 결심이 아직 서지 않은 사람은 언제든 "No"라고 말할 것이다.

하지만 이는 절대로 구매하지 않겠다는 거부의 의미가 아니다. 그런데도 세일즈맨들은 "No"라는 말을 만나자마자 기가 죽어 버리거나, 지푸라기라도 잡는 심정으로 제품의 장점과 유용성을 되는 대로 떠벌이거나 한다. 실제로 "No"라는 대답 앞에서 필요한 일은 고객이 미진하다고 여기는 점이 무엇인지 알아내는 것인데도 말이다.

No를 Yes로 바꾸려면 '가치 제안Value Proposition'이 필요하다. 다시 말해 이는 고객의 필요와 요구를 만족시키면서 거래를 자극하는 권유이다. 이러한 가치 제안에는 최소한 다음 네 가지 중 하나가 포함되어야 한다.

- 수익성 향상
- 생산성 향상
- 비용 절감
- 경쟁력 강화

다시 강조하지만 No는 최종 대답이 아니라는 점을 기억하라. 특히 매력적인 가치 제안이 가능한 상황이라면 No는 최종 대답이 될 수 없다.

이슈 관련 질문을 던져라

이슈 관련 질문이란 잠재 고객이 이 네 가지 영역 중 하나에서 당면해 있는 구체적인 도전 요인에 초점을 맞춘 질문이다. 이를 통해 잠재 고객은 미처 생각하지 못했던 점을 다시 고려하게 된다.

예를 들어 잠재 고객이 여러 가지 은퇴 유형을 고려한다고 하자. 당신은 최상의 은퇴 유형을 선택할 수 있도록 돕고 싶다. 그러면 "은퇴 후 생활에서 가장 중요한 세 가지를 꼽는다면 무엇인가요?"라는 질문을 던지는 것이다.

이슈 관련 질문은 상대의 관심을 쉽게 끌어당긴다. 그리고 대체로는 상대의 바람을 분명히 드러내는 대답을 얻게 된다. 판매보다는 고객 자체에 초점을 맞춘 의사소통이 이루어지는 것이다. 고객은 "여행을 많이 다니고 싶어요", 혹은 "자녀들에게 훌륭한 교육을 시켜주고 싶소"라는 대답을 하게 될 것이다. 그러면 문이 열린 셈이다. 이때부터 No를 넘어서 목표 달성 가능성에 초점을 맞추면 되는 것이다.

구체화 질문과 결과 질문을 던져라

이슈 관련 질문 다음에는 구체화 질문이나 '결과 질문consequence question'이 뒤따라야 한다. 구체화 질문은 확인 과정이다. 예를 들어 "훌륭한 교육이라고 하셨는데, 그건 어떤 의미일까요? 자녀들이 어떤

학교에서 공부하기를 바라시는지요?"라고 묻는 것이다. 이 질문을 통해 고객의 목표가 완전히 드러나며, 이에 따른 최상의 해결책 제시가 가능해진다.

결과 질문은 해결책이 지니는 가치를 보여주고, 동시에 제안된 해결책을 선택하지 않은 경우의 결과를 알리기 위한 것이다. 이때 작용하는 기본 공식은 다음과 같다.

> **선택하지 않은 경우의 비용 – 선택한 경우의 비용**
> **= 선택에 대해 고객이 인식하는 가치**

결과 질문은 갑자기 만들어지는 것이 아니다. 이슈 관련 질문으로 잠재 고객의 목적을 알아내고, 구체화 질문으로 더욱 논의 범위를 좁히면서 신중하게 만들어져야 한다. 예를 들어 "그렇다면 말입니다. 만약 자녀분들의 명문대 학비를 대지 못하게 된다면 어떤 결과가 빚어질 것이라 생각하십니까?"라는 결과 질문이 가능하다. 고객은 무엇이 문제인지 분명히 언급할 것이다. 이제 되었다! 부정적인 결과를 먼저 생각하도록 함으로써 해결책 제시의 토대가 마련된 것이다.

이슈 관련 질문을 던지고 이어서 구체화 질문과 결과 질문을 던진 뒤 가치 제안과 함께 해결책을 제시하면, 대부분의 사람들은 그 해결책이 최상이라는 점을 이해하게 된다. 그러면 성공적인 거래는 이제 코앞으로 다가온다. 잠재 고객이 먼저 제안을 해올 수도 있고, 당신이 "자녀들의 미래를 위해 어떤 방법을 취하시겠습니까?"라고 적절하게 운을 띄울 수도 있다.

다시 말하지만 세일즈를 성공적으로 마무리하는 데 요행수나 마법은 없다. 치밀한 질문, 신중한 듣기, 고객에게 가장 적합한 해결책 제시가 있을 뿐이다. 이렇게 함으로써 당신은 고객과 장기적인 관계를 형성하고, 고객이 원하는 결과를 얻도록 도울 수 있다.

| 세일즈하기 전 체크 리스트 |

- 가능성 높은 잠재 고객 앞에서 세일즈하고 있다는 점을 확신하라.
- 문간에서 박대당하지 않도록 약속을 재확인하라.
- 잠재 고객의 공식/비공식 조직 구조와 경쟁적 환경을 이해하라.
- 구매 결정 이면의 역학 관계, 관련된 비즈니스 동기나 사건을 이해하라.
- 이동 시간과 목적지 위치를 제대로 파악하라.
- 잠재 고객이나 그 업계에서 기대하는 옷차림, 태도, 행동을 알고 실천하라.
- 약속 시간보다 최소한 15분 전에 도착할 수 있도록 여유 있게 출발하라.
- 회사 내부의 정보통으로부터 최신 사내 소식을 접하고 분석하라.
- 세일즈를 위해 사무실을 나서기 전에 다시 한 번 가방 속의 홍보 자료나 보조 도구 등을 확인하라.
- 필요한 보조 자료를 정리해 어디에 무엇이 있는지 분명히 알아두라. 브로슈어, 명함, 각종 자료 등이 금방 꺼낼 수 있게 되어 있는지, 말끔한 상태인지 살펴라.
- 필요한 정보를 가능한 한 많이 모아라. 잠재 고객의 웹 사이트, 언론 보도, 보고서, 브로슈어 등을 충분히 검토하여 누가 어떤 일을 하며,

최근 발전 동향은 무엇인지 훤히 파악하라.

- 잠재 고객의 문제, 도전, 어려움, 필요, 잠재적 성장 가능성 등에 대해 던질 수 있는 핵심 질문 목록을 준비하라.
- 성공을 시각화하라. 세일즈 이후 원하는 결과를 달성한 자기 모습을 그려보라. 세일즈 방문이 매번 거래로 이어지지 않는다 해도 거래라는 목표에 다가가는 과정이 되도록 하라.
- 아무리 힘들어 보이는 세일즈 상황이라 해도 상대로부터 긍정적, 호의적, 열린 태도를 기대하라.
- 세일즈 프레젠테이션의 첫 몇 분을 위해 정신적 자세를 갖추라. 대화를 독점하거나 독백하면 안 된다는 점을 기억하라.
- 모든 잠재 고객에게 '중립적'으로 접근하라. 너무 공격적이지도, 너무 수동적이지도 않도록 하라. 세일즈의 속도나 강도를 잠재 고객이 결정하도록 하라. 하지만 다음 단계로 넘어가는 결정은 당신 자신에게 달려 있다는 점을 기억하라.

Note

론 카Karr, 세일즈 전문 강연자 겸 컨설턴트

이 글을 쓴 론 카가 세일즈 관리 일을 그만두고 교육 및 컨설팅 사업을 시작하겠다고 했을 때, 직장 상사들은 기꺼이 자본금을 투자했다고 한다. 1988년 이후 론 카의 회사는 수많은 고객들의 매출을 증대시키고 있다.

62

성사 가능성을 판단하는 기준

"이 거래가 성사될 것인가?"라는 질문은 숙련된 세일즈맨들조차 답하기 어려운 종류의 것이다.

첫째, 성사 가능성은 '있다' 혹은 '없다'라고 간단히 평가할 수 있는 종류의 것이 아니다. 둘째, 성사 가능성을 확신하기까지는 오랜 시간과 많은 에너지가 들어간다. 셋째, 일차적으로 가능성을 확신했다 해도 그 가능성은 언제든 쉽게 변할 수 있다. 성사 가능성의 평가는 진행 중인 세일즈 과정 전체를 아우르는 것이다. 오늘은 가능성이 높아 보였다 해도, 내일이면 전혀 가능성이 없다고 여겨질 수도 있다.

성사 가능성 여부를 판단하는 일은 아주 중요하다. 그래야 여러 협상 건 중에서 어디에 더 에너지와 시간을 투입할 것인지 결정할 수 있기 때문이다. 하지만 "구매하려는 마음이 얼마나 큰가, 언제쯤 구매한다고 나올 것인가?"라는 질문은 문제의 핵심을 짚어내지 못하는 것이다. 그보다는 우선 '왜' 구매하고 싶어 하는지, '어떻게' 구매할 수 있는지를 알아야 한다. 그리고 '왜'와 '어떻게' 정보를 얻으려면 동기와 수단을 파악해야 한다.

동기와 수단을 알아야 한다

'왜'라는 질문

동기를 이해하려면 고객의 비즈니스, 그 비즈니스의 목표, 목표와 대비된 현재 상황부터 파악할 필요가 있다. 비즈니스 목표는 현재 상태와 원하는 미래 상태 사이의 차이로, 이는 구매 목표에 앞서 존재하는 것이다. 비즈니스 목표가 규명되면 해결 방법을 함께 모색할 수 있다.

세일즈 성사 가능성의 판단은 '왜?'라는 간단한, 그러나 강력한 질문으로 시작된다. 고객의 구매 동기를 완전히 파악하기 위한 '왜?' 질문은 다음과 같다.

- 고객의 현재 상태와 원하는 미래 상태 사이의 차이는 '왜' 문제가 되는가?
- 그 차이는 '왜' 나타나는가?
- 그 차이를 극복하기 위해 지금까지 행동하지 않은 '이유'는 무엇이고, 차이 극복이 가져올 유익은 무엇인가?
- '왜' 다름 아닌 바로 이 문제에 돈을 투자해야 하는가?
- 이 문제 해결에 동반되는 위험부담은 무엇인가?

- '왜' 회사 안의 다른 누구에게 이 문제 해결을 맡길 수 없는가?
- '왜' 아무 행동도 하지 않으면서 문제가 저절로 해결되기를 기다리지 못하는가?

이들 질문에 대한 대답은 구매 동기뿐 아니라 개인의 행동 동기까지도 드러내준다.

수단의 가능성

잠재 고객이 구매 동기를 가졌는지 여부를 판단하려면 수단의 가능성도 평가해야 한다. 구체적으로 다음과 같은 정보가 필요하다.

- 잠재 고객은 우리가 제안한 해결책을 택해 지출할 여력이 있는가?
- 고객은 그 구매를 어떻게 정당화할 것인가?
- 구매의 정당성은 궁극적으로 어떻게 증명되는가?
- 자금 조달 계획은 어떻게 되는가?
- 채권자가 협력해야 하는가?
- 계약서에 서명하거나 주문을 낼 사람은 누구인가?
- 최종 계약에 앞서 누구의 승인을 받아야 하는가?
- 잠재 고객은 우리의 해결책을 충분히 실현할 만큼의 자원을 가졌는가?
- 잠재 고객은 자신이 추구하는 가치를 제대로 얻을 수 있는가?
- 거래 성사 후 주변의 또 다른 잠재 고객을 소개받을 가능성이 있는가?

이 모든 질문에 분명한 답이 나오지 않았다면 성사 가능성은 제대로 판단되지 못한 상태이다. 고객들은 모든 요소를 제대로 고려하지 못했을 확률이 높다. 그러니 세일즈맨인 우리가 모든 변수를 제대로 고려해야 한다.

잠재 고객에게 구매 동기와 구매 수단이 모두 갖춰져 있다면, 본격적으로 구매 기회를 제공할 수 있다. 구매 기회를 제공하려면 세일즈맨 입장에서도 적지 않은 투자가 필요하다. 직접 방문하고 제품을 시연하고 제안서를 준비하는 등 시간과 노력이 투입되기 때문이다. 10명 이상의 인력이 동원될 수도 있다. 모든 투자가 그렇듯, 이런 투자를 위해 위험부담과 잠재적 보상은 면밀히 검토되어야 한다.

잠재 고객의 동기와 수단을 파악하는 데는 약간의 조사와 다수의 질문이 필요하다. 이는 충분히 가치 있는 일이다. 일단 수집된 정보는 회사 동료들과 공유해 반복적으로 활용할 수 있으니 말이다.

Note

빌 스틴넷 Stinnet, **세일즈 엑셀런스**Sales Excellence **사 대표**
빌 스틴넷은 소매 판매업에서 출발해 하이테크 벤처 기업, 리서치 회사, 컨설팅 회사 등을 설립한 인물이다. 현재 컨설턴트이자 전문 강연자로 왕성한 활동을 벌이고 있으며, 1990년부터는 하이테크 기술 분야에 특화하여 컨설팅을 하고 있다.

상위 1% 세일즈맨의 특별한 방식

 분명 잠재 고객이 관심을 보였는데도 제대로 성사되는 거래가 없어 고민인가? 거래 성사율이 평균보다 낮은 편인가? 그렇다면 당신은 잠재 고객이 의사결정을 내리기도 전에 먼저 성급하게 판단해버리는 실수를 저지르고 있는지도 모른다.

 잠재 고객이 조금이라도 관심을 보이면 세일즈 성공을 가정하고 저돌적으로 덤벼야 한다는 주장도 있다. 하지만 그건 과거의 방식이다. 오늘날과 같은 상황에서 그런 태도는 고객에게 압박감을 주고 일을 망쳐버리기 십상이다. 그러나 딱하게도 수많은 세일즈맨들이 이런 실수를 반복하곤 한다.

 입장을 바꿔놓고 생각해보자. 자동차를 바꿔볼까 하고 자동차 전시 판매장에 들렀다. 그런데 갑자기 판매원이 계약서처럼 보이는 용지에 무언가를 기록하기 시작하는 것이다! 그저 메모하는 척하지만 속셈은 뻔하다.

고가의 가전제품 매장에서도 그런 경우를 종종 만나게 된다. 제품 설명을 하다가 갑자기 "어디로 배달해드리면 되나요?"라고 묻는 것이다. 그러면 누구라도 "아직 이게 필요하다는 말도 안 했는데요"라고 쏘아붙이게 되지 않을까? 왠지 사기당하는 느낌이 들지는 않을까?

구매 결정이라는 다리 건너기

무언가를 구입하기 위해서 우리는 구매 결정으로 가는 다리를 건너야 한다. 다리를 건너기는커녕 그 다리 근처도 가지 못한 잠재 고객을 두고 섣불리 거래를 확신해서는 안 된다. 물론 잠재 고객이 세일즈맨을 만나기 전부터 다리를 건넌 상태인 경우도 있다. 혹은 한 발을 다리 위에 내딛고 망설이고 있는 상태일 수도 있다. 따라서 세일즈맨은 고객이 어디 있는지를 간파하고, 다리를 끝까지 건너도록 도와야 한다.

요컨대 잠재 고객이 그 다리에서 얼마만큼 떨어져 있는지에 따라 세일즈 내용과 방식을 맞춰야 할 것이다. 이를 상황별로 제시하면 다음과 같다.

다리 근처

이런 잠재 고객은 필요를 느끼고, 그것을 직접 말로 표현하기도 한다. 예를 들어 "여기에 뭔가 변화를 주고 싶어요"라는 식이다. 그러면 당신은 "변화가 필요하다고 생각하시는 이유가 무엇이지요?"와 같은 질문으로 정보 수집을 시작할 수 있다. 이런 질문을 통해 잠재 고객이 느끼는 문제 혹은 필요가 분명해지고, 결국 고객은 다리 위로 발을 내딛게 된다.

다리 위

다리 위에 있는 고객은 제품/서비스 구매의 결과로 미래에 희망하는 바를 언급하기도 한다. "우리 회사 전 직원이 혜택을 볼 수 있는 제품일 것 같군요"라는 식이다. 이 경우에는 "어떻게 해서 전 직원이 혜택을 보게 된다고 생각하시지요?"와 같은 추가 질문을 던져보자. 고객 스스로가 가치를 말하도록 함으로써 다리를 건너게 하는 것이다.

다리 건너

이 단계에 있는 잠재 고객을 대할 때 중요한 것은 무엇인가? 고객이 구매 후의 결과를 이미 느끼고 있는지 확인하는 것이다. "우리 세일즈맨을 모두 보내 교육을 받도록 해야겠어요"라는 말이 나왔다면 구체적인 사항을 분명히 하여, 그 가상의 구매 후 상태에 대한 설명을 강화해야 한다.

이 단계는 드디어 거래 성사를 믿어도 좋을 때이다. 이제 "정말 멋집니다! 여기서 교육했으면 좋겠다 싶은 곳이 있으신지요?"라고 물어볼 때다.

당신의 제품/서비스를 이미 소유하고 사용하는 상상을 하도록 하면 잠재 고객이 좀더 쉽게 다리를 건널 수 있게 된다. 가령 "이 새로운 장치를 사용하게 되면 곧 효과를 깨닫게 될 것입니다"라든지 "주로 사용할 직원이 누구일 것으로 생각하시나요?"와 같은 질문을 던져보는 것이다.

명심하라. 세일즈맨의 거래 확신은 고객이 구매를 확신한 이후에만 가능한 것이다. 고객이 구매 결정이라는 다리와 얼마나 가까이 있는지 먼저 확인하라. 질문을 던져 고객이 가상으로 혜택을 경험하도록 함으로써 다리를 건너게 하라. 이를 통해 성급한 구매 확신으로 일을 망치는 비율이 낮아질 것이다.

Note

아트 소브착 Sobczak, **비즈니스 바이 폰**Business by Phone **대표**
아트 소브착은 AT&T와 아메리칸 익스프레스에서 텔레마케팅 총괄 업무를 담당했다. 이후 텔레마케팅 교육 회사를 창립하여 최고의 전문가로 인정받으며 활약하고 있다.

진짜 의사결정자를 찾는 법 64

오늘날의 세일즈 환경에서 가장 어려운 일 중 하나가 구매 담당자 뒤쪽에 있는 실제 의사결정자를 만나는 것이다. 실제로 모든 일을 좌우하는 존재는 그 의사결정자이기 때문이다. 구매 담당자는 지시를 받고 업무를 처리할 뿐, 진정으로 회사의 문제를 해결하는 사람은 의사결정자이다.

당신의 제안이 회사에 어떤 가치를 지니는지 제대로 이해할 수 있는 사람 또한 의사결정자뿐이다. 당신 회사와의 파트너 관계가 목표 추구에 최선이라는 것을 아는 사람도, 그리고 협의 결과 애초의 요구 조건과는 완전히 달라진 무언가를 구매할 수 있는 사람도 의사결정자이다. 이렇게 세일즈가 점점 더 복잡하고 어려운 일이 되면서 진짜 의사결정자를 만나는 일이 상대적으로 쉽게 느껴진다는 점이 위안이라면 위안이겠다.

어떻게 방어막을 뚫을 것인가

당신을 해당 분야의 전문가로 각인시켜라

구매 담당자는 다른 사람이 써준 구매 요구 조건을 들고 나타나는 일이 많다. 그리고 자기가 맡은 일은 자기가 해내야 한다는 생각에 좀처럼 다른 사람과 연결시켜주지 않으려 한다. 하지만 당신이 해야 하는 일은 그 방어막을 뚫는 것이다.

우선 진짜 의사결정자가 구매 요구 조건을 작성하면서 무엇을 염두에 두었는지 알아내야 한다. 구매하려는 것이 새로운 회계 소프트웨어라고 하자. 요구 사항 명세서에는 고객 회사가 어떤 문제로 골치를 앓고 있는지 나타나 있지 않다. 새로운 회계 보고 기준도, 이사회의 결정 사항도 없다. 더욱이 구매 담당자는 이런 문제에 대해 제대로 대답도 해주지 못한다.

이런 경우 고객의 눈에 당신이 단순한 세일즈맨이 아니라 회계 및 시스템 전문가로 인식되도록 해야 한다. 그러면 "이 소프트웨어는 법적 요건이나 기업 운영 원칙을 포괄하기 때문에 혹시라도 맞지 않는 부분이 있을지 모릅니다. 그냥 판매하는 것은 무책임한 일이지요. 그러니 최종적인 의사결정 담당자와 만나 간단하게라도 상황을 확인했으면 합니다"라고 말할 수 있으리라.

사실 이 방법은 다양한 상황에 적용 가능하다. 관건은 당신이 세일즈맨 이상의 전문가로 스스로를 각인시킬 수 있느냐 하는 것이다. 이렇게 구매 담당자가 당신을 진짜 의사결정자와 연결시켜야겠다고 생각하게 만듦으로써 당신은 어느덧 경쟁 우위에 설 수 있다.

단, 조심해야 하는 점이 있다. 혹시라도 구매 담당자를 소외시켜서는 안 된다는 것! 진짜 의사결정자와 만났을 때 구매 담당자의 업무 파악 능력을 칭찬하고, 그 덕분에 긍정적인 협상이 가능했다고 말하라.

구매 담당자가 결정할 수 없는 대안을 제시하라

진짜 의사결정자만이 검토하고 의견을 낼 수 있는 구매 기회를 제시하는 것은 또 하나의 유효한 방법이다.

예를 들어 구매 담당자는 개별 부품 구매는 할 수 있지만, 사전 조립된 제품의 구매는 다시 승인을 받아야 할지 모른다. 이런 경우 사전 조립 제품을 좋은 조건에 판매한다는 대안을 제시하면 구매 담당자가 당신을 진짜 의사결정자에게 데리고 갈 가능성이 높아진다. 아예 구매 담당자를 배제하고 다시 새로운 계약을 맺어야 할지도 모른다.

여러 부서가 함께 판매 과정에 참여하게 되는 '팀 판매team selling'의 경우 이런 접근이 특히 유용하다. 이런 거래는 단순한 매매라기보다는 파트너십의 성격이 강하다. 이 때문에 좀더 고위직에 있는 의사결정자를 거쳐야 하는 것이다.

주목할 것은 이런 식의 거래가 비슷한 제품들이 치열하게 벌이는 무한 가격 경쟁에서 벗어나게 해준다는 장점이 있다는 것이다. 다시 말해 이는 가치를 판매하고 더 많은 수익을 남길 기회가 된다. 다른 경쟁자들이 아직도 저 아래 구매 담당자와 씨름하는 동안 당신은 진짜 의사결정자와 상대하는 것이다. 이렇게 되면 한 건의 계약이 끝난

후에 다른 기회가 생길 가능성도 훨씬 많아진다. 지금 당장 실전에
도입해보라.

Note

스티브 워터하우스 Waterhouse, **워터하우스 그룹 대표**

전자 회사의 반도체 세일즈 담당자로 일하던 시절 스티브 워터하우스는 2년 만에
매출을 300%나 늘리는 놀라운 기록을 세웠다. 직접 사업에 뛰어든 후에도 여러
기업의 성공을 도왔고, 1994년부터 컨설팅 및 교육 전문 회사를 운영하고 있다.

부가 세일즈에 집중하라

다음과 같은 상황은 세일즈 업계에서 늘 일어나곤 한다. 전화기 다이얼을 수없이 돌리고 앞을 가로막는 비서들을 수없이 물리친 후, 마침내 의사결정자와 대면했다. 결정 권한을 가지고 있는 바로 그 사람이다. 힘겨운 난관을 돌파한 후에 드디어 결승점에 선 것이다.

그런데 여기서 문제가 발생한다. 대부분의 세일즈맨은 이 상황에서 거래 계약만을 염두에 둔다. 그 어려운 과정을 거쳤는데도 달랑 거래 하나만으로 만족하는 것이다. 이건 마치 에베레스트 정상에 죽을 힘을 다해 기어올라 기념사진을 찍지 않는 것과 마찬가지다. 혹시 당신은 이 대목에서 "뭐가 문제라는 거지? 목표를 달성했으면 된 것 아닌가?"라고 말하고 있는가?

물론 목표를 달성한 것은 맞다. 하지만 그 정도에 만족해 뒤돌아 나온다면 다른 세일즈를 성사시킬 수 있는 커다란 기회를 놓쳐버리는 셈이다.

핵심은 목표로 했던 거래 계약 그 이상이 얼마든지 가능하다는 데 있다. 사실상 고객을 만나는 순간순간마다 부가적인 가능성이 있다고 할 수 있다. 예컨대 거래 규모를 늘릴 수도 있고, 다른 거래 기회를 만들 수도 있고, 소개를 받을 수도 있는 것이다.

세일즈맨 입장에서는 겉면만 살짝 긁어보면 된다. 부가 세일즈란 고객과의 접촉을 통해 매출 혹은 마케팅 기회를 만들어내는 것이다. 고객이나 잠재 고객과 대화하면서 늘상 기회를 포착하는 것이다. 그러면 마침내 목표로 했던 세일즈에 부가되어 새로운 세일즈 기회를 만나게 된다.

첫 단계에서는 거래 규모가 점차 늘어나도록 시도할 수 있다. 그러면 시간과 에너지를 더 적게 투입하면서 매출 규모를 늘리게 된다. 고객이 거래에 만족한 후 주변 사람을 소개해주는 것도 부가 세일즈의 좋은 예이다. 누구나 짐작하다시피, 소개받은 고객과의 거래 성사율은 다른 것과 비교할 수 없을 정도로 높다.

부가 세일즈는 모든 방문 세일즈 상황에서 가능하며, 그 방향도 교차 세일즈, 상향 세일즈, 소개받기, 문의를 바탕으로 한 세일즈, 불만 신고를 바탕으로 한 세일즈 등으로 다양하다. 이를 제대로 다룰 수만 있다면 부가 세일즈는 성공률이 거의 100%에 가깝다.

4단계 과정

부가 세일즈는 4단계로 구성된다. 이 단계를 익히면 더 적은 시간을 들여 더 많은 수입을 올릴 수 있다.

1단계 : 애초의 요청이나 과업을 해결하기

기본적으로 부가 세일즈는 애초의 목표가 달성된 후에 따라오는 것임을 기억하라. 부가 세일즈를 시도하기 전에 우선 거래 성사, 주문 수주, 취소나 불만 신고 처리 등 애초에 목표했던 일을 끝내야 한다. '손안의 새 한 마리가 풀숲의 두 마리보다 귀중하다'라는 격언을 기억하라. 모름지기 '손 안의 새'가 우선이다.

2단계 : 부가 세일즈로 가기 위해 화제 전환하기

고객에게 유용한 정보를 추가로 제공하고 싶다는 의사를 전달하도록 하라. "주문해주셔서 고맙습니다. 그런데 혹시 시간이 되신다면 좀 더 드리고 싶은 말씀이 있습니다"라고 운을 떼는 것이다.

3단계 : 부가 세일즈를 혜택과 함께 제시하기

부가 세일즈를 제안하라. 교차 세일즈일 수도, 상향 세일즈일 수도 있다. 고객 소개를 요청하는 것도 가능하다. 어떤 경우에든 그 고객에게 돌아갈 혜택을 언급해야 한다.

4단계 : 종료하기

적절한 시점에 부가 세일즈 과정을 종료해 고객이 직접 행동할 기회를 주어라.

부가 세일즈는 쉽다. 게다가 효과적이다. 하지만 이를 망설이는 세일즈맨들이 많다. 다음번에 다시 산 정상에 오르거든 이 간단한 기법을 한번 사용해보라. 힘들게 의사결정자와 만난 기회를 최대한 활용하여 새로운 세일즈 기회를 얻어내라.

Note

짐 도먼스키 Domanski, **텔레컨셉 컨설팅**Teleconcepts Consulting **대표**
짐 도먼스키는 전화 세일즈 컨설턴트 겸 교육 전문가로, 미국은 물론 유럽에서도 활발하게 활동하고 있다.

66

인터넷 방문자를
고객으로 전환하는 방법

누군가 제품/서비스에 대해 문의 전화를 해오면 대부분의 세일즈맨들은 능숙하게 상황을 묻고, 내용을 설명하고 확인해준다. 그러면 인터넷 문의는 어떤가? 이에 대해서도 그렇게 자신 있게, 효율적으로 대처하고 있는가?

유감스럽게도 잠재 고객과 직접 접촉한다는 이점이 없기 때문인지 냉랭한 경우가 많다. 하지만 인터넷을 통해 구매하는 개인 소비자와 기업이 점점 많아지는 상황에서 인터넷 문의는 소홀히 할 수 없는 부분이다. 전문가답게 인터넷 문의를 처리하면서 인터넷 방문자를 고객으로 더 많이 전환하고 싶다면 다음 몇 가지 사항을 기억하라.

인터넷 활용 노하우

전화할 것인가, 말 것인가?

인터넷 문의 처리는 시간 낭비라 생각해 아예 응답조차 하지 않는 세일즈맨도 있다. 그 정도는 아니라 해도 이메일 문의였으니 이메일 답장이면 충분하다고 여긴다. 그런데 이메일 답장을 보내면서 전화까지 건다면 어떨까? 친절하고 적극적이라는 인상을 줄 절호의 기회다.

물론 전화를 해야 하는 분명한 이유가 필요하다. 이메일에서 이미 전달한 정보를 반복할 뿐이라면, 혹은 상대의 바쁜 일상을 방해하고 만다면 안 하느니만 못하다. 정보를 요청하는 이의 입장에서는 그럴 수도 있다. 전화로 당신 회사의 모든 얘기를 다 털어놓는 것도 좋지 않다. 최상의 제안을 하기 위해 필요한 내용이 무엇인지 신중히 생각해 선정하라.

인터넷 시간을 고려하라

인터넷 시간이란 전광석화와도 같다. 이메일과 휴대전화 문자 덕분에 오늘날 사람들은 당장 답장을 받고 싶어 한다. 이메일 문의를 보낸 잠재 고객 역시 마찬가지이다. 당장 답을 주기 어려운 문의라면 곧 내용을 정리해 보내주겠다는 식의 답장을 보내도록 하라.

오늘날 인터넷 고객들은 7일 24시간 답장을 기대한다. 휴일이나 근무 외 시간을 염두에 두지 않는다는 말이다. 자동 답신은 답장으로 치지 않는다. 그러니 조금 과장해서 말하자면 차를 타고 이동할 때나 주말이나 한밤중에나 이메일을 확인해야 한다. 업무 시간 종료 후에 문의 이메일이 왔다면 잠재 고객이 그때까지 일하고 있을 확률이 높다. 간단한 수신 확인 답장을 보내주면 깊은 인상을 받을 것이다. 요청한 정보를 언제 보내줄 수 있을지 시간 약속도 하라.

너무 서두르지 말고 답 메일을 검토하라

신속히 답장을 했다고 해서 엉망인 문법, 맞춤법 실수, 엉성한 편집이 용서받지는 못한다. 답장을 발송하기 전에 신중히 검토하라. 컴퓨터 화면 상으로는 오류가 잘 보이지 않으니 출력해서 큰 소리로 읽으면서 잘못을 잡아내도록 하라. 이메일 답장은 잠재 고객에게 당신의 첫 인상으로 남는다는 점을 기억하라.

과잉 정보는 금물

인터넷 문의는 잠재 고객이 먼저 연락을 해오는 멋진 상황이다. 여기에 흥분한 나머지 제안서, 제품 명세서, 회사 브로슈어, 비교 차트, 기존 고객평 등을 한꺼번에 보내 충분한 정보를 제공하고 싶다고 생각할지도 모르겠다.

하지만 이 모든 자료를 첨부파일로 덧붙이다가는 발송 오류가 날 수도 있고, 고객 메일함에 들어가지 못할 수도 있다. 무사히 도착했다 해도 파일 열기에 오랜 시간이 소요될 것이다. 일단은 간략한 요약형 답장을 보내도록 하라. 가능하면 파일을 첨부하지 말고 메일 본문에 붙여라. 요청한다면 상세 자료를 보내겠다는 말을 남겨라. 요청이 없다면 굳이 보낼 필요는 없다.

깊은 인상을 남겨라

인터넷으로 문의를 하는 고객이라면 당신 외에 다른 여러 곳에 이메일을 보냈을 가능성이 높다. 그래서 어디가 어딘지 혼란스러울 것이다. 따라서 당신의 답장이 눈에 띄게 해야 한다. 회사 로고를 넣고 사이트 링크를 걸어주면 어떨까?

여러 업체가 한꺼번에 들어 있는 사이트에서 발송된 메일이라면 잠재 고객이 당신 회사에 대해 아무것도 모를 수 있다는 점을 염두에 두고 답장을 보내야 한다. 공식적인 형태에서 과감히 벗어나 친근한 메일을 쓰는 것도 차별화할 수 있는 한 가지 방법이다.

많은 세일즈맨이 이메일보다는 직접 대화를 선호한다. 친밀감도 형성하고 즉각적인 피드백도 얻을 수 있기 때문이다. 이메일 잠재 고객에게는 이러한 장점이 없지만, 그렇다고 세일즈 기회가 없는 것은 아니다. 위의 원칙을 따른다면 더 많은 인터넷 문의자들을 고객으로 전환시키게 될 것이다.

Note

티나 로사소 LaSasso, **세일즈독**SalesDog.com **편집장**
티나 로사소는 출판, 마케팅, 비즈니스 개발 분야에서 20년 이상의 경력을 가지고 있다. 부동산 회사에서 마케팅을 가르치기도 하였다.

세일즈맨은 슈퍼맨이 아니다 67

당신은 시간을 잘 쓰는 사람인가? 많은 사람들이 그렇듯 시간을 낭비하여 그것이 곧 목표 달성을 방해하게 하는 나쁜 습관을 가진 것은 아닌가? 지난 30년 동안 나의 주된 관심사는 세일즈맨에게 시간 관리법을 가르치는 것이었다. 그 과정에서 세일즈맨들에게 많이 나타나는 시간 낭비 요인들을 분석하게 되었다. 시간 낭비 요인은 수없이 많지만, 여기서는 특히 자주 볼 수 있는 네 가지를 소개해보자.

무엇이 당신의 시간을 갉아먹는가

긴급하지만 사소한 업무에 매달리기

세일즈맨들은 본능적으로 바쁘고 활동적으로 보이고 싶어 한다. 한가한 몽상가가 아니라 실천가이고자 하는 것이다. 분주한 하루를 보내면서 자기 가치를 확인하는 사람도 많다. 바쁜 것이 곧 중요한 존재임을 입증한다고 여긴다. 갈 곳도, 할 일도 없는 상황은 최악이다. 그리하여 중요도를 따지지 않고 무슨 일이든 일단 시작한다.

고객 한 명이 전화를 걸어와 지연되고 있는 주문 처리를 서둘러 달라고 부탁했다고 하자. 그러면 세일즈맨은 '아, 할 일이 생겼다! 어서 해결해 내 능력을 보여주어야지!' 라고 생각하며, 두 시간 동안 사방에 전화를 걸고 주문 처리가 완료되도록 이것저것 챙긴다.

하지만 잘 생각해보자. 그 일은 고객 서비스 팀에서 더 잘할 수 있는 업무가 아니었을까? 긴급할지는 몰라도 사소한 그 일에 매달리느라 세일즈할 시간을 빼앗기지는 않았나? 그 시간 동안 세일즈로 거래를 성사시킬 수 있었다면 그쪽이 훨씬 더 생산적이지 않을까?

어느 고객이 견적을 요청했다고 하자. 그러면 당장 '오늘 오전은 사무실에서 일해야겠다. 사양을 살피고 가격을 계산해 견적서를 작성해야 하니까' 라고 생각하면서 그 일에 달려든다. 하지만 품이 많이 드는 그 업무는 마찬가지로 고객 서비스 담당자에게 요청하는 게 좋지 않을까? 내부 지침에 따라 작성된 표준 제안서가 있을지 모르니 그걸 먼저 찾아봐야 하지는 않을까? 견적서 작성에 매달리면 세일즈에 투자할 시간, 더 시급한 업무를 처리할 에너지를 빼앗기게 된다.

자, 더 이상 비슷비슷한 사례를 늘어놓지 않아도 당신은 충분히 이해할 것이다. 대체로 우리 세일즈맨들은 바쁜 생활을 동경하고 쓸모 있는 존재임을 입증하고 싶어 한다. 그리고 이 때문에 중요도를 따지지 않고 무조건 눈앞의 바쁜 일에 덤벼들고 본다. 그러나 그때마다 효율적인 시간 사용 능력은 차츰차츰 손상되는 것이다.

기존 관행에 안주하기

대부분의 세일즈맨에게는 업무 관행이 이미 정착되어 있다. 수입도 충분히 확보된 상태이므로 굳이 변화를 시도할 필요가 없다. 그리하여 더 효율적이거나 성공적인 방법을 모색하지 않는다. 업무 관행에는 긍정적인 면도 분명 있으니까.

하지만 빠른 속도로 변하는 세상은 필연적으로 새로운 방법론, 기법, 관행을 요구하게 되어 있다. 지난 몇 년 동안 괜찮았던 관행이 앞으로도 그러리라는 보장은 없다. 현재 상태에 만족해 아무런 변화도 시도하지 않는다면 조만간 효율성은 사라지고 말 것이다.

예를 들어 아직도 전화기 옆에 놓인 작은 메모지를 이용해 통화 내용을 기록하고 있다면, 메시지 관리 프로그램을 이용하는 편이 더 효율적일 것이다. 중요 고객의 정보를 카드로 보관 중이라면 더 빠른 검색이 가능한 소프트웨어 프로그램을 찾아볼 수도 있을 것이다. 이런 식의 개선 가능성은 얼마든지 있다.

누구를 만나 세일즈를 할 것인지, 어떻게 잠재 고객의 정보를 수집할 것인지 등의 문제에 대해 여전히 낡은 관행에만 의존하고 있는가? 아니면 최신의 더 좋은 방법을 찾고 있는가? 계속 기존 관행에 안주한다면 잠재력을 온전히 발휘하기란 불가능하다.

혼자 일하기

세일즈맨은 혼자 일하려는 성향이 있다. 어디 가서 누굴 만날지, 하루를 어떻게 보낼지 스스로 결정한다. 그 결과 모든 일을 알아서 처리하는 것을 좋아하게 된다. 이런 독립성과 자율성은 긍정적인 것이지만, 부정적인 면도 지니고 있다. 특히 남들이 더 잘할 수 있는 일까지 혼자 처리하려 들 때 그렇다. 회사의 동료 직원에게 도움을 요청하지 않고 반복적이고 소모적인 작업을 홀로 떠맡는 것이다.

그리하여 주문서를 쓰고 제품을 요청하고, 브로슈어를 나르고 견적서를 작성하고 제안서를 내는 등 모든 일을 혼자 처리하는 세일즈맨들이 넘쳐난다. 더 잘, 더 값싸게 업무를 해결해줄 동료를 믿지 못하기 때문이다. 결국 세일즈맨의 시간과 재능은 낭비되고 만다.

계획 없이 행동하기

시간 관리를 잘 하려면 '행동하기 전에 생각해야 한다'. 시간 관리의 달인들은 연간 목표를 세우는 데 기꺼이 시간을 투자한다. 분기별 계획이나 월간 계획에도 시간을 투자한다. 매번의 세일즈 만남에 앞서 계획할 시간도 갖는다. 반면 시간 관리에 서툰 세일즈맨들은 '생각할 시간'을 두지 않는다.

물론 생각할 시간을 투자하는 것만이 전부는 아니다. '어떻게' 생각하는지가 중요하다. 시간 관리의 달인들은 스스로에게 필요한 질문을 던지고 답하면서 목표를 수립하는 체계적 사고의 과정을 거친다. 예를 들면 다음과 같은 질문들이다.

- 이 거래를 성사시키기 위해 진정으로 필요한 것은 무엇일까?
- 그 고객은 왜 내게서 구입하지 않는 것일까?
- 이 거래를 위한 핵심 의사결정자는 누구인가?
- 이 거래에 너무 많은 시간을 쏟느라 다른 세일즈를 등한시하지는

않는가?

● 효율성을 높이기 위해 현재의 방식을 어떻게 바꾸면 좋을까?

적절한 질문을 던지고 대답하는 것뿐 아니라 감정에 휩쓸리지 않는 것도 체계적 사고를 하는 데 중요하다. 어디를 방문하고 어떤 일을 할지는 감각이나 감정이 아니라, 체계적 판단에 따라 결정된다. 이는 생각할 시간을 충분히 확보해야 가능한 일이다.

Note

데이브 카일 Kahle, **세일즈 컨설턴트 겸 교육 전문가**
데이브 카일은 지난 30년 동안 세일즈맨들의 시간 관리 문제에 대해 연구해왔다. 시간 관리에 문제를 느껴온 사람이라면 이 글에서 실질적인 도움을 받게 될 것이다.

영업의 달인은 어떻게 단련되는가

분야를 막론하고 최고인 사람들은 늘 능력을 갈고 닦는다. 세일즈맨도 예외는 아니다. 그런데 많은 기법 중에서 어디에 초점을 맞춰야 가장 효율적이고 큰 성과를 얻을 수 있을지는 아직 감이 안 잡힌다. 고민이다. 전문 세일즈맨이 늘 갈고 닦아야 할 핵심 기법으로는 무엇이 있을까? 내가 발견해낸 일곱 가지 기법을 소개하니 참고하라.

세일즈 핵심 기법 일곱 가지

기법 1 : 신속하게 판단하기

잠재 고객이 "Yes" 혹은 "No"라고 말해줄 때까지 그저 기다리고 있는가? "아니, 당신에게는 팔지 않겠습니다"라고 말해본 적이 한 번이라도 있는가? 세일즈에서는 통제 불가능한 요소가 너무도 많다. 하지만 세일즈맨 자신이 어디에 어떻게 시간을 써야 할지는 선택 가능하다.

신속한 상황 판단을 위해서는 기준이 필요하다. 그 기준에 따라 구매 가능성이 높은 고객에게 초점을 맞추고, 나머지는 포기하는 것이다. 간단하게 들리는가? 하지만 가능성 낮은 잠재 고객을 그대로 끌고 가면서 효율을 떨어뜨리는 세일즈맨이 놀라울 정도로 많다. 기준을 충족시키지 못하는 고객이라면 더 이상 귀중한 시간을 투자하지 말라.

기법 2 : 고객에게 동기 부여하기

당신의 제품을 필요로 하는 잠재 고객을 찾는 것은 어렵지 않다. 하지만 당신의 제품을 원하는 고객을 찾기란 대단히 어렵다. 그냥 넋 놓고 기다린다면 언제 나타날지 모른다.

전문 세일즈맨이 판매하는 제품은 상점에서 살 수 있는 소모품에 비해 훨씬 복잡하고 가치도 크다. 잠재 고객은 자신이 어떤 문제를 겪고 있는지 깨닫지 못하는 한 그런 제품이 필요하다고 생각하지 않는다. 문제의 성격에 따라, 또한 잠재 고객의 특성에 따라 이 과정은 몇 초가 걸릴 수도, 몇 년이 소요될 수도 있다.

이때 당신이 나서서 다른 누구보다도 그 문제를 쉽게 해결해줄 수 있다는 점을 보이면, 잠재 고객은 곧 구매 동기를 얻는다. 잠재 고객을 위해 해결할 수 있는 문제가 무엇인지 파악하라. 계획을 세워 질문을 던짐으로써 문제를 드러내고 관심을 집중시켜라.

기법 3 : 마음 편한 범주 밖까지 세일즈하기

사람과의 관계에 능숙하다고 자부하는가? 그렇다면 생각해보라. 가장 최근의 세일즈에서 당신의 말을 반박한 사람과 어떤 관계를 맺었는가?

세일즈맨은 마음이 끌리지 않는 상대와도 교류할 줄 알아야 한다. 대체로 사람들은 자기를 좋아해주는 사람을 좋아하게 마련이다. 상대를 좋아하도록 최대한 노력하라. 대화 방식을 맞추고 상대가 원하는 주제에 대해 의견을 교환하라.

기법 4 : 자동 응답기 활용하기

세일즈 성공률을 높이는 방법은 두 가지이다. 하나는 거래 성사 건수를 늘리는 것이고, 다른 하나는 더 많은 잠재 고객을 확보하는 것이다.

잠재 고객 확보 과정에서 자동 응답기는 친구일 수도, 적수일 수도 있다. 당신의 세일즈 전화가 자동 응답기로 연결될 가능성이 점점 더 늘어나고 있으므로, 이를 친구로 삼는 것이 현명할 것이다. 이를 1:1 홍보 수단으로 활용해 메시지를 남겨둔다면 응답 전화가 걸려올 확률이 높아진다.

혜택에 초점을 맞춘 메시지를 3~5개 준비하라. 그리고 며칠 혹은 몇 주 간격으로 의사결정자에게 보내라. 다시 강조하건대, 각각의 메시지는 고객이 받을 혜택에 초점을 맞춰야 한다.

기법 5 : 꼭 사고 싶도록 프레젠테이션 하기

비즈니스 프레젠테이션 중에는 지루한 것이 많다. 어째서 자기 제품이 훌륭한지, 자기 회사의 연혁이 어떤지 등등 비슷한 내용이 끝없이 반복된다. 잠재 고객이 자기 상황과 도무지 연결시키기 어려운 내용들이다.

훌륭한 프레젠테이션은 고객의 상상력을 자극해야 한다. 이를 위한 최고의 방법은 스토리텔링이다. 묘사가 풍부한 이야기는 고객의 눈앞에 그림을 그려주고 '꼭 사고 싶다' 라는 생각을 갖게 만든다. 기존 고객의 사례를 수집하고 이야기를 꾸며보라.

기법 6 : 고객을 참여시키기

"이 제품이 얼마나 유용한지 제가 보여드리면 당장 구입하시겠습니까?"라는 식의 노골적인 거래 유도 질문은 당장 그만두어라. 세일즈맨이 존경받는 직업이 되지 못하는 이유도 바로 여기에 있다. 대신 세일즈 초기부터 고객을 참여시키도록 하라. 우선 고객이 무엇을 가장 원하는지 말하도록 만들라. 그리고 당신이 투자할 시간과 정보, 자원에 대한 보상으로 고객의 참여를 요구하라.

기법 7 : 세일즈 즐기기

당신이 세일즈 과정을 통제하면서 결국 거래를 성사시킬 수 있다면 세일즈는 참으로 재밌고 즐거운 일이다. 이와 달리 반드시 성사시켜야 한다는 압박감에만 시달린다면 세일즈는 괴로운 일이 되고 만다. 거래 성사의 압박에서 조금쯤은 벗어나 잠재 고객에게 동기를 부여하는 데 초점을 맞춰라. 문제 해결의 책임을 잠재 고객의 어깨 위에 지우는 것이다. 기법 1을 통해 가능성 높은 고객만 선정해둔 상태라면 즐거움은 한층 커질 것이다.

보너스 팁

프레젠테이션을 할 때나 세일즈 통화나 미팅을 할 때나 잠재 고객 이마 위에 "그래서 어쨌다고?"라는 말이 찍혀 있다고 상상하라. 고객이 늘 "그래서 어쨌다고? 나랑 무슨 상관인데?"라고 묻는 모습을 상상하라. 잠재 고객은 고민하던 문제가 해결되고 인생이 더 행복해지는 경우에 한에서만 당신의 세일즈에 관심을 가진다. 제품이 무엇인지보다 제품이 어떤 혜택을 안겨줄지에 초점을 맞춰라.

성공은 하룻밤 사이에 오지 않지만, 그렇다고 평생 걸리는 것도 아니다. 매일 이들 기법을 갈고 닦다 보면 당신의 세일즈에도 장밋빛 미래가 다가올 것이다.

Note

샤머스 브라운 Brown, **인더스트리얼 EGO 세일즈**Industrial EGO Sales **사 대표**
샤머스 브라운은 IBM에서 세일즈를 시작한 하이테크 분야 세일즈의 전문가이다. 최고가 되기 위해 무엇이 필요한지 조언하고 있는 이 글을 주목하라.

세일즈 전문가 45인이 털어놓는 최강 영업력의 비밀

영업의 고수는 어떻게 탄생되는가

초판 1쇄 발행 2010년 7월 15일
초판 7쇄 발행 2011년 10월 1일

엮은이 마이클 달튼 존슨
옮긴이 이상원
펴낸이 박선경

마케팅 • 박언경
표지 디자인 • 고문화
본문 디자인 • 김남정
제작 • 펙토리

펴낸곳 • 도서출판 갈매나무
출판등록 • 2006년 7월 27일 제395-2006-000092호
주소 • 경기도 고양시 덕양구 화정동 965번지 한화오벨리스크 1501호
전화 • 031)967-5596
팩시밀리 • 031)967-5597

isbn 978-89-93635-17-1/03320
값 14,000원